Educational
教 職 に生かす
教育心理学
Psychology

執筆者一覧　（五十音順、○は編者）

○石井　正子	昭和女子大学	Lesson 1, 2, 3, 13
大内　善広	城西国際大学	Lesson 7　コラム④
風早　史子	東京大学先端科学技術研究センター	Lesson 8　コラム⑤
金子　功一	植草学園大学	Lesson 9　コラム⑥
岸田　幸弘	松本大学	Lesson11　コラム⑧,⑨
木村あやの	昭和女子大学	Lesson 4
鈴木　雅之	横浜国立大学	Lesson14　コラム⑪
中村　克樹	京都大学霊長類研究所	Lesson 5　コラム①,②
○中村　徳子	昭和女子大学	Lesson 1, 2, 6　コラム③,⑩
増淵　裕子	昭和女子大学	Lesson12
森　慶輔	足利大学	Lesson10　コラム⑦
緩利　誠	昭和女子大学	Lesson15　コラム⑫

●はじめに

　本書は文部科学省が20年ぶりに見直しを行い，2019年度から実施されている教職課程の内容に合わせて作成しました。新たな教職課程に示された項目の中では「幼児，児童及び生徒の心身の発達及び学習の過程」に対応した科目にあたり，提示されたコアカリキュラムの全体目標と一般目標，到達目標の達成を意識しています。したがって，本書の内容に従って学習を進めることによりコアカリキュラムの内容を網羅することが可能になります。

　学習指導要領も2018年度から順次改訂され，2022年度までに，幼，小，中，高のすべての学校で新しい指導要領に沿った教育が行われるようになります。新指導要領に掲げられた「主体的・対話的で深い学び」は，子どもたちが自分自身の人生をデザインし，その実現のために，いつ，何を学ぶのかを選択し，学びを深めていくことができるようにすることをめざしています。

　本書には新しい教職課程のコアカリキュラムや，新指導要領の内容を反映させていますが，私たちは一番大切なことは，教職をめざす学生が子どもたちの行動のメカニズムを理解し，効果的な支援の方法を探る手がかりを伝えることだと考えています。そこで，従来の教育心理学のテキストで取り上げられてきた基本的事項を残しつつ，子ども理解に資する最新の研究成果を加えました。特に，さまざまな技術の進歩により，人間の脳機能の発達や環境刺激が脳に与える影響が科学的に解明されてきたことは，教育心理学にも大きな影響を与えています。脳研究からの示唆に1章を割き，発達と学習に関わる先端研究の成果を紹介したことは本書独自の新しい試みではないかと自負しています。

　このテキストが伝える知識や考え方が，みなさんが教育現場で直面するさまざまな困難を乗り越え，教師としての成長を遂げることの一助になることを願います。

2019年夏

　　　　　　　　　　　　　　　　　編著者　石井正子・中村徳子

目次

はじめに

第Ⅰ部　教育心理学の基礎

Lesson 1　教育心理学とは

1．教育の役割と教育心理学　2
　（1）教育心理学とは　2
　（2）教育の役割　2
　（3）教育心理学を学校教育に生かす　4
　　　①子どもの人権と教育　4
　　　②教育上の問題解決と教育心理学　5

2．教育心理学の研究法　5
　（1）実験法　6
　（2）観察法　6
　（3）質問紙調査法　6
　（4）面接法　7
　（5）事例研究法　7

3．倫理的配慮　8

Lesson 2　発達と教育

1．発達とは　12
2．発達の特徴　12
　（1）分化と統合　12
　（2）発達の方向性　13
　（3）発達の順序性　13
　（4）発達の連続性　13
　（5）発達の個人差・性差　14

（6）発達の異速性　14

3．発達を規定する要因　15
（1）遺伝説　15
（2）環境説　16
（3）輻輳説　17
（4）相互作用説 ―環境閾値説―　18

4．発達と教育　19
（1）発達を規定する要因と教育の関係　19
（2）発達の最近接領域　19

5．ライフサイクルと発達段階　20
（1）心理社会的発達理論とアイデンティティ　20
（2）ライフサイクル理論　22
（3）第9の発達段階　24

Lesson 3　知的発達の過程

1．「考える」を考える　28
（1）「感じる」と「考える」の違い　28
（2）言葉をもたなくても考えることはできる　28

2．ピアジェの認知発達理論　29
（1）認知とは　29
（2）ピアジェ理論の特徴　30
（3）「同化」「調節」「均衡化」　30

3．ピアジェによる思考の発達段階　31
（1）感覚運動期（0～2歳）　32
　①身体を使った思考　32
　②思考のきっかけを生み出す原始反射　33
　③循環反応　33
　④「表象」の出現と「対象永続性」の理解　35
（2）前操作期（1歳半，2歳～7，8歳）　35
　①言語の獲得　35

②前概念的思考　36
③直観的思考　37
④自己中心性　37
⑤ピアジェ理論への反証と心の理論　38
（3）具体的操作期（7，8歳〜11，12歳）　40
（4）形式的操作期（11，12歳以降）　43

4．プログラミング教育とピアジェ　45

Lesson 4　記憶のしくみ

1．記憶とは　48
（1）記憶のしくみ　48
（2）短期記憶とワーキングメモリ　49
　①マジカルナンバー7±2　49
　②ワーキングメモリ　50
（3）長期記憶　51
（4）短期記憶と長期記憶に分ける根拠　52

2．忘れる　53
（1）減衰説　54
（2）干渉説　54
（3）検索失敗説　55
（4）記銘失敗説　55
（5）忘れないようにするには…　56

3．記憶と知識　57
★コラム1　ワーキングメモリと脳　60

Lesson 5　脳研究からの示唆

1．乳幼児期　62
（1）新生児の脳　62
（2）脳の感受性　63

①縦縞ばかり見て育ったネコは…　63
②ヒトの感受性の高い時期　64
③盲の人も視覚野が働く　65

2．児童期　66

（1）学習のしくみ　66
　　①経験によるニューロンの変化　66
　　②学習の基本は長期増強　67
（2）ゲームなどの影響　67
　　①ゲーム依存症の登場　67
　　②インターネットの使用状況　68
　　③ゲームやSNSと成績の関係　68

3．青年期　69

（1）脳の成熟　69
（2）体の発達と脳の発達のアンバランス　71
（3）仲間関係の重要性　71
★コラム2　前頭前野の大きさ　74

Lesson 6　学習のしくみ

1．学習とは　76

2．古典的条件づけ　77

（1）古典的条件づけとは　77
（2）パブロフの発見　77
（3）恐怖条件づけ　79
（4）古典的条件づけによる行動療法　80

3．オペラント条件づけ　81

（1）オペラント条件づけとは　81
（2）体罰が有効ではない根拠　83
（3）応用行動分析学と行動療法　84
（4）スモールステップの原理　86

4．その他の学習理論　87

（1）試行錯誤学習　87

　　　　　　（2）洞察学習　88
　　　　　　（3）観察学習　88
　　　　　★コラム3　応用行動分析にもとづく通常学級への支援　91

Lesson 7　動機づけ ―やる気が起きるしくみ

1．やる気とは何か　94
　（1）動機づけとは　94
　（2）動因と誘因　94
　（3）さまざまな欲求　95

2．やる気の質を考える　96
　（1）外発的動機づけと内発的動機づけ　96
　（2）アンダーマイニング効果　97
　（3）機能的自律性　98

3．学習意欲に影響するさまざまな要因　99
　（1）原因帰属　99
　（2）達成目標　100
　（3）自己効力感　102
　（4）学習性無力感　103
　★コラム4　自己決定理論　105

Lesson 8　頭がよいとは ―知能と測定

1．知能とは　108
　（1）知能の定義　108
　（2）知能の構造　109
　　　①スピアマンの2因子説（1904年）　109
　　　②サーストンの多因子説（1938年）　109
　　　③キャッテルの流動性知能と結晶性知能（1963年）　110
　　　④ギルフォードの知性構造モデル（1967年）　110
　　　⑤ガードナーの多重知能理論（2001年）　111
　　　⑥CHC理論（1997年～）　112

2．知能検査　113
　（1）知能検査の歴史と発展　113
　（2）知能検査の種類　114
　　　①ビネー式知能検査　114
　　　②ウェクスラー式知能検査　115
　　　③集団式知能検査　117
　（3）知能検査の実施と留意点　118

3．創造性　118
　（1）知能と創造性　118
　（2）創造性の構成要素とプロセス　119
　（3）知能や創造性を高めるために　119
　　　①アセスメントの重要性　119
　　　②創造性を高めるためのポイント　121
　★コラム5　「頭のよさ」を決めるのは，遺伝？　環境？　123

Lesson 9　パーソナリティと教育

1．パーソナリティとは何か　126
2．パーソナリティの諸理論　127
　（1）類型論　127
　　　①クレッチマーの類型論　127
　　　②ユングの類型論　128
　　　③シュプランガーの類型論　128
　（2）特性論　129
　　　①キャッテルの特性論　129
　　　②ビックファイブ（5因子論）　130
3．パーソナリティとフロイトの精神分析学　130
4．パーソナリティの測定　132
　（1）質問紙法　132
　（2）投影法　133
　　　①ロールシャッハ・テスト　133
　　　②TAT（絵画統覚検査）　134
　　　③PFスタディ（絵画欲求不満検査）　134

（3）作業検査法　134
（4）面接法　135
★コラム6　エゴグラムを活用した自己分析　137

第Ⅱ部　教育現場での実践的問題

Lesson 10　学習指導の心理学

1．これからの子どもたちが身につけるべき学力　142
2．主体的・対話的で深い学び　145
　（1）学習指導要領の改訂　145
　（2）知識の定着から活用へ　145

3．教授学習過程と適性処遇交互作用　146
　（1）学習とは「適性」と「処遇」の交互作用　146
　（2）さまざまな学習指導の形態　147

4．特徴的な教授学習法，指導形態　148
　（1）発見学習と受容学習　148
　（2）先行オーガナイザーの役割　149
　（3）さまざまな教授学習法　150

5．授業をつくる　152
　（1）学習指導案とアディーモデル　152
　（2）教えて考えさせる授業　154
★コラム7　学力調査　156

Lesson 11　学級集団と学級経営

1．学級集団と子ども　160
　（1）群集から組織，集団へ　160
　（2）集団になってもいじめは起きる　161

（3）集団圧力と同調行動　161
　　　（4）準拠集団とは何か　162
　2．学級集団のアセスメント　163
　　　（1）楽しい学校生活を送るためのアンケートＱ－Ｕ　163
　　　（2）ゲスフーテスト　165
　　　（3）学校生活充実感テスト　166
　　　（4）ソシオメトリック・テスト　167
　3．教師の役割と学級経営　167
　　　（1）教師期待効果（ピグマリオン効果）と子どもの成長　168
　　　（2）学級担任のリーダーシップ　169
　4．学級集団づくりのためのグループワーク　170
　　　（1）構成的グループエンカウンターの活用　170
　　　（2）対人関係ゲームによる集団づくり　171
　　　（3）その他のグループワーク　173
　　★コラム8　ラタネとダーリーの援助行動実験（Latane & Darley, 1970）　175
　　★コラム9　アッシュの同調実験（Asch, 1951）　176

Lesson 12　学校不適応とカウンセリング

　1．学校不適応とは　178
　　　（1）「適応」「不適応」ってどういうこと？　178
　　　（2）内的適応と外的適応　178
　　　（3）さまざまな学校不適応　179
　2．児童・生徒の不適応行動と病気・障害　180
　　　（1）不登校　180
　　　（2）いじめ　181
　　　（3）非行・暴力行為　183
　　　（4）精神疾患　185
　3．児童・生徒へのカウンセリングと支援　187

（1）児童・生徒へのカウンセリングや支援の場　187
　　　（2）心理アセスメントの重要性　187
　　　　　①問題のさまざまな原因と背景　187
　　　　　②アセスメントの方法　188
　　　（3）児童・生徒への支援とカウンセリングのポイント　189
　　　　　①チーム学校　189
　　　　　②カウンセリングのポイント　190
　　4．支援に役立つカウンセリング技法　191
　　　（1）クライエント中心療法　191
　　　（2）プレイセラピー（遊戯療法）および非言語的技法　192
　　　（3）行動療法，認知行動療法　193
　　　　　①行動療法　193
　　　　　②認知行動療法　193
　　　（4）解決志向アプローチ　194

Lesson 13　障害のある子どもたちと特別支援教育

　　1．障害のある子どもたちの教育　198
　　　（1）「障害」に対する考え方　198
　　　　　①国際障害分類（ICIDH）　198
　　　　　②国際生活機能分類（ICF）　199
　　　（2）特殊教育から特別支援教育へ　200
　　　（3）拡大する特別支援教育　201
　　2．さまざまな心身の障害　202
　　　（1）障害の分類　202
　　　　　①発達障害者支援法とＤＳＭ-５　202
　　　　　②日本における発達障害の定義の経緯　203
　　　（2）発達障害の特徴　204
　　　　　①知的障害　204
　　　　　②自閉症　205
　　　　　③注意欠陥多動性障害（ADHD）　208
　　　　　④学習障害（LD）　210
　　　★コラム10　応用行動分析による特別支援教育　212

Lesson 14　教育評価の目的と方法

1．教育評価とは　216
2．教育評価の目的　216
　（1）指導における教育評価の目的　216
　（2）学習における教育評価の目的　218
3．教育評価のための方法　218
　（1）パフォーマンス評価　219
　（2）ポートフォリオ評価　220
4．評価基準　220
　（1）相対評価　221
　（2）絶対評価　222
　（3）個人内評価　223
　（4）評価基準と動機づけ　223
5．妥当性と信頼性，採点のバイアス　224
　（1）妥当性　224
　（2）信頼性　225
　（3）採点のバイアス　225
　★コラム11　教育評価が学習方法に与える影響　228

Lesson 15　社会につながる教育

1．社会と教育の距離感　230
　（1）子どもが初めて出会う社会　230
　（2）「社会の縮図」としての学校　230
　（3）求められる「つかず離れず」の関係　231
　（4）学校教育のトランジション課題とレリバンス課題　232
　　①トランジション課題　232
　　②レリバンス課題　233
2．キャリア教育への誘い　233
　（1）進学指導／進路指導とは異なるキャリア教育　233

（2）キャリア教育で育成すべき力：基礎的・汎用的能力　234
　　（3）現代社会を生きる子どもたちの心理　236
　3．社会につながる教育のあり方とつくり方　237
　　（1）キャリア発達における予期せぬ偶然との出会い　237
　　（2）学びにおける学校教育的常識の再考　238
　　（3）社会につながる教育の実現に向けて　239
　　★コラム12　もう1つのトランジション課題　241

人名解説　242
用語解説　245
人名索引　256
用語索引　257

第 I 部
教育心理学の基礎

Lesson 1

教育心理学とは

　Lesson 1では，教育の役割，そして教育心理学がどのような学問なのか，学校教育の中でどのように生かされているのかについて見ていきます。
　さらに，教育心理学の研究方法について学び，子どもたちが，主体的に生き生きと学び，親や教師が子どもたちの気持ちを理解し，効果的な支援を行うために教育心理学的な知見を生かす方法について考えていきましょう。

Prep
予習課題

1．「教育」の目的は何でしょうか。
2．「心理学」はどのような場面で教育の役に立っているでしょうか。心理学が教育に生かされている例をあげてみましょう。

1. 教育の役割と教育心理学

(1) 教育心理学とは

　「心理学」は，人間の行動と行動を起こすメカニズムを科学的に解明する学問です。そして「教育心理学」の目的は，学びの構造を分析し，理解し，その過程を解明することによって，教育における問題を解決に導き，効果的な実践方法を示すことであると言えましょう。

　学校教育にとどまらず，子どもの生活のあらゆる場面において教育は行われます。教師ならびに，子どもの支援に関わるさまざまな人が教育心理学を学ぶことによって，子どもへの働きかけが，効果的な学びの援助に結びついていくことが期待されます。

(2) 教育の役割

　教育には2つの役割があります。1つは「**文化の伝達**」であり，もう1つは「**成長と創造の援助**」です。

　「文化の伝達」とは，知識や技術，道徳，価値観などを次の世代に伝えることをさします。学校教育は，人類の歴史の過程で蓄積された財産である膨大な知識や技術を，効率よく大勢の子どもたちに伝え，同時に集団活動を通じて，社会生活に必要な道徳や価値観を身につけさせることを大きな目的としています。

　学校教育における「文化の伝達」は，知識や技能の教授という形で行われます。そして伝達されるものは，**言語的情報**，**知的技能**，**認知的方略**，**態度**，**運動技能**等と多岐にわたり教授の方法も多様です。

Keyword：文化の伝達　成長と創造の援助　言語的情報　知的技能　認知的方略　態度　運動技能

「成長と創造の援助」とは，子ども自身が環境に働きかけ，環境からの刺激を受けとめながら，自分自身を変化させていくことや，自らの力で，新たな事実や技能・方略を発見し，環境に変化を起こし，文化を創造していくことができるように援助を行っていくことです。

子どもは，自らを取り巻く環境の中で実験を繰り返し，体験にもとづいて既存の考えを変化させ，外界との相互交渉を通して創造的な活動を展開します。自ら外界に働きかけ，内面から変化しつつある子どもに対して大人ができる具体的な援助とは，**豊かな環境**を与え，**受容と共感**をもって，子どもの主体的な活動を支えることでしょう。

学童期，青年期の児童・生徒は，学校での学びの中で，知識と知識を結びつけ，体験の中で知識と現実を結びつけ，友だちとの**協働**や**競争**を通して，1人では成し遂げられないような学習成果をあげていきます。この場合の環境とは，安心・安全な空間，豊かな自然，正しい情報へのアクセス，子どもの想像力を刺激し自発的な学びを引き出すような教材，本，音楽，自由な時間などのことをさします。近年では，インターネットをはじめとする急速な情報通信技術（ＩＣＴ）の普及や，人工知能の実用化によって，学びの構造が大きく変化しつつあります。学校でＩＣＴの活用を学べる設備の充実も重要な環境整備の課題になっています。しかし，子どもの学びを支える最も重要な環境条件の1つが，親や教師，友だちを含めて，あらゆる人との関わりの豊かさであることは今後も変わることはないでしょう。

「教育」が「文化の伝達」にとどまる限り，子の世代が親の世代を超えて発展することは困難です。しかし，教育のもつ「成長と創造の援助」という側面が，科学技術の進歩を支え，芸術や思想の成熟を促し，人類を脅かす問題を次々と解決に導いてきました。もちろんそこには，環境破壊やサイバー攻撃，核兵器の開発等に代表されるマイナスの側面も存在します。しかし，新たな問題の解決手段もまた，新しい世代の創造力によってしか生み出すこ

Keyword：豊かな環境　受容と共感　協働　競争

とはできません。

（3）教育心理学を学校教育に生かす

①子どもの人権と教育

　教職に就くことについて「**教鞭をとる**」という言い方があります。子どもの人権が尊重される現代では，学校教育に体罰を用いることは絶対に許されませんが，近代以前，多くの国では学校教育の中で鞭が教室に常備されており，体罰によって子どもの行動を矯正し，従順に指示にしたがわせようと試みられていたのです。

　罰することによって望ましくない行動を減らし，ごほうびを与えることによって望ましい行動を増やすということは，人間に対しても，動物に対しても昔から行われていたわけですが，心理学によってそのしくみが明らかにされ，問題行動の消去や，望ましい行動の強化に役立てることが可能になりました（Lesson 6 参照）。しかし，「鞭」に象徴されるような体罰によって行動を矯正することは人間を教育するためにふさわしい方法とは言えません。

　国際連合教育科学文化機関（**ユネスコ**）によるユネスコ憲章の前文には次のような記載があります。

　文化の広い普及と正義・自由・平和のための人類の教育とは，人間の尊厳に欠くことのできないものであり，かつ，すべての国が相互の援助及び相互の関心の精神を持って，果たさなければならない神聖な義務である。

　教育が**人間の尊厳**を保つために欠くことのできないものであるとするならば，「鞭」による一時的な行動変容は「教育」とは言えません。「教育心理学」

Keyword：教鞭をとる　ユネスコ→p.254　人間の尊厳→p.252

は子どもの心理や行動の理解を助け，効果的な教育的働きかけの方法を示唆するものであると同時に，子どもたちの健全な心身の成長と，人間としての尊厳の保持のために生かされるものでなくてはなりません。

②教育上の問題解決と教育心理学

　前述したように，教育心理学は心理学で解明されてきた人間の行動と行動を起こすメカニズムを教育に生かすための学問であるということができますが，一方では，学校現場の教育問題を直接的に取り上げ，心理学的な理論や方法を使いながら，その解決をめざすことが期待されています。**臨床的アプローチ**と呼ばれるもので，実際の教育改善に関わりながらその成果を評価し，より効果的な教育のあり方をめざしていこうとするものです。

　実際の教育現場で多くの教員が行っているカリキュラムや教育方法の改善，あるいは子どもの示す問題行動や学習困難への対応がこれにあたります。学術的な立場からこれらの研究をみると，普遍性や客観性に乏しいと見えるものもあるかもしれませんが，現実場面での必要性から生まれた問題提起が実用的知見や学問的発展につながっていくということはさまざまな科学的研究においてみられることであり，それが学問としての発展を促し，新たな問題解決につながっていくことになります。

2．教育心理学の研究法

　よりよい教育実践をめざすために，私たちは，幼児や児童・生徒たちの発達を理解したうえで，より効率的な学習方法や教授法，パーソナリティの形成や適応の問題などについて追究していく必要があります。研究的な視点を養い，教育実践との連携を深めるためにも，ここでは教育心理学に関するさ

Keyword：臨床的アプローチ

まざまな研究方法を紹介しましょう。

（1）実験法

　実験法とは，対象に対して何らかの人的な操作を加えて，条件を統制したうえで比較する方法です。たとえば新しい教授法の効果を検討したいとき，A組には新しい教授法で授業を行い（実験群），B組には従来の教授法で授業を行います（コントロール群）。その後，両群に対して同じ内容のテストを行い，両者の結果を比較して，新しい教授法の効果について検討するのです。実験法は，まず仮説をたてて，その仮説が正しいかを検討するために，実際に測定したデータで検証する帰納的な方法です。

（2）観察法

　それに対して**観察法**は，対象の行動をありのままの状況やある程度限定した状況のもとで観察・記録し，集積したデータによって，行動の特徴を明らかにし，一般的な法則や理論を推測していく演繹的な方法です。たとえば休み時間に児童がどのような行動をとるのかを自然な状態で観察し，記録する方法です。この方法は，対象者が乳幼児でも障害児であっても，ありのままの姿を観察できるところが利点です。ただし，実験法のように環境条件をコントロールできないので，特定の要因に限定して検証することが難しいところが短所といえます。

（3）質問紙調査法

　質問紙調査法とは，研究者が用意した質問に回答することによって，対象

Keyword：実験法　観察法　質問紙調査法

の意識や行動傾向などを探る方法です。実験法や観察法が，目に見える行動を対象としていたのに対して，質問紙調査法は被験者の内省によって対象を理解しようとします。一般的に，調査したい内容の仮説を立て，それらを検討する的確な質問項目を用意し，**妥当性**と**信頼性**を確認したうえで，調査を実施します。調査法は，簡単に実施可能であり，一度にたくさんのデータを収集できるのが利点です。ただし，あくまでも被験者の内省による回答なので，そのデータが信頼できるかどうかという点は気をつけなければなりません。

（4）面接法

質問紙調査法は質問紙を用いて対象の内面を探ったのに対して，**面接法**は直接さまざまな質問を問いかけることで対象の内面や意識を探る方法です。対象者から必要な情報を収集するために行われる**調査的面接**と，対象者の指導や心理的問題の改善を図るために行われる**臨床面接**に分類されます。

（5）事例研究法

事例研究法とは，問題を抱える特定の個人あるいは集団について，多面的なアセスメントを行い，それに対する解決策を見出し，それを実践し，そしてその効果を観察・記録によって検証する研究法のことです。**フォローアップ**によって，その効果が維持されているかどうかを確認することも大切です。事例研究法は，特定の対象について深く多面的に理解することができますが，あくまでも一事例に関することだということを忘れてはいけません。

多くの事例研究を重ねることによって，そこから得られた普遍的な知見を実践に役立てることが可能になります。

Keyword：妥当性　信頼性　面接法　調査的面接　臨床面接　事例研究法　フォローアップ

3．倫理的配慮

　子どもの教育に直接関わる教師が研究的な視点をもつことは，カリキュラムや教育方法の改善，問題解決に不可欠なことと言えます。しかし，研究を行うにあたっては，**倫理的な配慮**を行うことが不可欠です。

　研究倫理には研究対象，あるいは研究協力者の人権に関わる部分と研究自体の公正性に関わる2つの倫理が存在しています。人権への配慮とは，研究対象者の権利侵害が起こることがないように行うものです。また，公正性とは，ねつ造や改ざん，盗用などの研究不正や不適切なデータの公表など不正な研究行為に関わるものです。

　5～7ページに示したさまざまな研究方法は，いずれも研究対象者に何らかの負担をかける可能性があり，そのため研究者はさまざまな倫理的問題を考慮して研究に取り組む必要があります。

　金沢（2008）は，臨床心理学の立場から実践研究を行ううえでの倫理的配慮を7つあげています。

(1) 相手を傷つけない，傷つけるようなおそれのあることをしない。
(2) 十分な教育・訓練によって身につけた専門的な行動の範囲内で，相手の健康と福祉に寄与する。
(3) 相手を利己的に利用しない。
(4) 1人ひとりを人間として尊重する。
(5) 秘密を守る。
(6) **インフォームド・コンセント**の手続きを遵守し，相手の自己決定権を尊重する。
(7) すべての人を公平に扱い，社会的正義と公平と平等の精神を具現する。

Keyword：倫理的な配慮　インフォームド・コンセント→p.245

これは教育心理学研究の中でも，特に学校現場での実践研究にあたる場合には，十分に配慮しなければならない原則です。

*R*eview
― 復習課題 ―

1. 教育の2つの役割について説明してみましょう。
2. 教育心理学は学校教育のどのような場面に生かされているでしょうか。
3. あなたが教育心理学の研究手法を用いて研究を行うとしたら，どのような研究手法によって，何を明らかにしたいと思いますか。具体的な研究計画をイメージしてみましょう。

*K*eybook

引用・参考文献

石井正子・松尾直博編（2004）教育心理学―保育者をめざす人へ―　樹村房
金沢吉展（2009）実践研究の倫理（特集　心理学の実践研究入門）　臨床心理学　9　（1），56-60
日本教育心理学会編（2003）教育心理学ハンドブック
大村彰道編（1996）教育心理学Ⅰ　発達と学習指導の心理学　東京大学出版会

Lesson 2

発達と教育

　人が人として成長するのは，もちろん遺伝的要因にもよるのですが，人は他の生物に比べて周囲の環境から非常に大きな影響を受けます。つまりもって生まれた才能を発揮させるか否かは環境的要因によるところが大きいのです。子どもの発達に適した教育を直接的あるいは間接的に行うことで，子どもの成長はますます促されます。子どもと適切に関わりながら，よりよい教育を行うためにも，まずは子どもの発達を理解しておく必要があります。Lesson 2 では，子どもの発達について学びましょう。

*P*rep

予習課題
1．「発達」にはどのような特徴があるでしょうか。できるだけたくさんあげましょう。
2．子どもの発達は何によって決まると思いますか？

1．発達とは

　私たちは生まれる瞬間から，もっというならこの世に生まれる前から，つまり精子と卵子が受精して受精卵になった瞬間から，絶えず変化し続けています。そして，その変化は死ぬ瞬間まで続きます。発達は，このように「受精から死に至るまでの質的・量的変化の過程」と定義されます。赤ちゃんが成長とともに大きくなったり，さまざまなことができるようになったりする過程ばかりでなく，逆に衰えたり，小さくなったり，できていたことができなくなったりする過程も発達ととらえます。

2．発達の特徴

（1）分化と統合

　発達とは，まさに**分化**と**統合**を繰り返す過程だといえます。たとえば幼児期に認められる共感覚などは，感覚がまだ未分化なために生じます。それぞれの感覚が特殊化される前の状態なので，味覚と視覚を同時に感じたり，音を聞いて色を感じたりするのです。未分化な全体的な反応は，それぞれ特殊的な反応に分化され，その後それらは整合性をもって統合していきます。スプーンのもち方なども，最初は手のひら全体で握るだけの状態から，手指が独立して動くようになり，さまざまなもち方があらわれた後に，親指・人差し指・中指の3本で支えてもつもち方ができるようになります。

Keyword：分化　統合

(2) 発達の方向性

　発達には一定の**方向性**があります。身体の発達は，頭部から尾部・脚部の方向に向かって進行していく**頭部―尾部勾配**と，中心部（体幹）から周辺部（末梢部）に向かって進行していく**中心部―周辺部勾配**があります。たとえば赤ちゃんは，まず首が座ってから腕そして脚が伸展するように，下半身よりも上半身のコントロールが先に可能になります。また，まず腕が動かせるようになってから細かい指先の動きが可能になるように，中心部から周辺部へと発達は進みます。

(3) 発達の順序性

　発達は，一定の順序にしたがって進んでいきます。たとえば，生まれたばかりの赤ちゃんの首が座り，腕も脚も屈曲した状態から，それらが伸びて，寝返りができるようになって，ハイハイが可能になり，つかまり立ちをして，歩き出すといった**順序性**が認められます。もちろん赤ちゃんによっては，ハイハイをほとんどしないで歩き出す子もいます。ただし，たとえば，寝返りができるようになった後で首が座るといったように，順序が逆行することはありません。

(4) 発達の連続性

　発達は絶えず連続して起こっています。表面上は変化がみられなかったり，あるいは突然できるように見えたとしても，決して休止しているわけでも飛躍したわけでもなく，常に変化し続けているのです。これを発達の**連続性**といいます。

Keyword：方向性　頭部―尾部勾配　中心部―周辺部勾配　順序性　連続性

(5) 発達の個人差・性差

　発達には方向性や順序性があり，それは連続的な変化の過程ですが，その速度は一定ではありません。遺伝的要因による**個人差・性差**はもちろんのこと，環境的要因によっても，差が生じます。子どもを保育・教育する立場につく人は，とくにこの個人差について理解し，適切な援助を行う必要が求められます。

(6) 発達の異速性

　発達の速度や発達が進む時期は，各器官によって異なります。生後まもなくから徐々に発達が進む器官もあれば，青年期になって急速に発達する器官もあります。スキャモン（Scammon, R.E.）は身体各部の成長曲線を20歳時の重量を100％として示しました。図2－1が示すように，生後まもなくから最も著しい発達を遂げるのは，脳髄や脊髄，感覚器官などの神経組織です。それに対して，睾丸や卵巣などの生殖器官は15歳以降の思春期に急速に発達します。一般型である骨格や筋肉，内臓など全体的な身体組織は，生後まもなくの第一次成長期と思春期にあたる第二次成長期と2度の成長スパートが認められます。扁桃腺やリンパ腺などの分泌組織は，12, 13歳ごろにかけて大人の倍ほどまで成長しますが，その後収束していくという発達の仕方をします。このように，各器官によって発達の速度や進む時期に違いがあることを，**発達の異速性**と呼びます。

Keyword：個人差　性差　発達の異速性

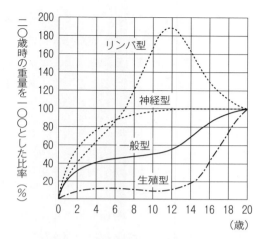

図2-1　スキャモンの発達曲線
　　　（スキャモンら，1930）

3．発達を規定する要因

　発達はどのような要因によって決まるのでしょうか。「朱に交われば赤くなる」といったことわざがあるように，人は環境によって大きく影響を受けます。しかし「カエルの子はカエル」といわれるように，もちろん遺伝的要因もぬぐいきれません。また，どのような環境が整えば「トンビがタカを生む」ことが可能になるのでしょうか。発達を規定する要因について，これまで提唱されてきたさまざまな説についてみていきましょう。

（1）遺伝説

　遺伝説を支持する研究として古くよりなされてきたものに**家系研究**があり

Keyword：家系研究

ます。たとえばオリンピック選手の両親も，かつては優秀な成績をおさめた選手であったといった話はよく耳にします。また18世紀にドイツで活躍したバッハは有名な音楽家ですが，実は彼の親族のほとんどが音楽家だったことは，その家系図によってもよく知られていることです。スポーツや音楽に関わる特異的な遺伝的要因があると考えられたときもありますが，スポーツ選手であった両親は子どもにもスポーツをさせたいと思うでしょうし，バッハのように家族みんなが音楽家である家に生まれると，幼い頃から音楽に触れながら育つことは容易に想像できます。環境的要因を切り離して考えることは難しいのです。

しかしながら，それでもやはり発達は遺伝的にあらかじめ決められていると唱えたのは**ゲゼル**（Gesell, A.L.）です。彼は一卵性双生児の赤ちゃんを対象に階段のぼりの実験を行いました。双子のうち1人には生後46週から階段のぼりの訓練を行ったのに対して，もう1人には何もしませんでした。もちろん最初は訓練を受けた方が早くのぼれるようになったのですが，あっという間に，もう1人も追いついて，結果的に同じ速さでのぼれるようになったのです。ゲゼルはこの実験によって，成熟を待たないで行われる学習は意味がないとし，内的な準備状態（**レディネス**）が整って初めて学習は成立するという**成熟優位説**を唱えました。

（2）環境説

それに対して，発達は環境によっていかようにも促進できると主張したのがアメリカの行動主義心理学者**ワトソン**（Watson, J.B.）です。彼は**アルバート坊やの実験**を通して，発達は経験による条件づけ，つまり学習によって成立するという**環境（学習）優位説**を唱えました。

アルバート坊やの恐怖条件づけの実験とは，ネズミに対して何ら恐怖を抱

Keyword：ゲゼル→p.242　レディネス　成熟優位説　ワトソン　アルバート坊やの実験　環境（学習）優位説

いていなかったアルバート坊やが，ネズミと大きな音を一対提示されることで，ネズミを怖がるようになったというものです。詳しくはLesson 6の学習のしくみで述べますが，この実験から，もともと抱いていなかった恐怖心も学習によって抱くようになることが示されたのです。ワトソンは，「私に12人の健康な赤ちゃんと，彼らを養育する特別な環境を用意してくれるなら，その子たちの才能，好み，傾向，人種に関わらず，医者にでも法律家にでも，物乞いにでも泥棒にでも育てることができる」という言葉によって，子どもの発達における環境的要因の重要性を表現しました。

（3）輻輳説

発達を規定する要因を遺伝か環境かといった二者択一でとらえることには無理があります。そこで遺伝的要因も環境的要因も影響すると主張したのが**シュテルン**（Stern, W.）です。彼は発達には遺伝と環境の双方が加算的に影響するという**輻輳説**を唱えました。彼の考えをわかりやすく図式化したのが**ルクセンブルガー**（Luxenburger, H.）です（図2−2）。図に示されるXという形式は遺伝と環境の影響が半々ぐらいだということを表しています。

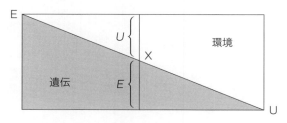

図2−2　ルクセンブルガーの図式

＊　左に位置する形質ほど遺伝的要因の影響を強く受け，右に位置する形質ほど環境的要因の影響を受けることを示す。

Keyword：シュテルン→p.244　輻輳説　ルクセンブルガー

環境と遺伝の境界がはっきりと二分されているように，双方は完全に独立したものとしてとらえられています。

（4）相互作用説 —環境閾値説—

　現在では，遺伝的要因と環境的要因の両者が相互作用しながら発達に影響を及ぼすという**相互作用説**が主流となっています。遺伝説の家系研究のところでも述べましたが，子どもの発達を考えるときに，どちらかを切り離すことは難しいのです。

　相互作用説の1つに**ジェンセン**（Jensen, A.R.）が提唱した**環境閾値説**があります。図2－3が示すように，身長や体重のように，環境条件が整わなくても，その遺伝的素質があらわれるものもあれば，絶対音感のように環境条件が整って初めて顕在化する形質もあるという考えです。

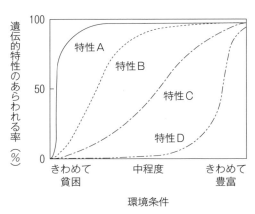

図2－3　ジェンセンの発達曲線

Keyword：相互作用説　ジェンセン→p.243　環境閾値説

4. 発達と教育

(1) 発達を規定する要因と教育の関係

ワトソンが提唱した環境（学習）優位説は，子どもの発達は環境によっていくらでも変化するもの，学習によって促進されるものだという考えでした。これは，子どもに対して積極的に教育を行っていくべきだという，古くはイギリスの哲学者**ロック**（Locke, J.）が示した**タブラ・ラサ（白紙）説**まで遡ります。子どもは白紙の状態で生まれてくるので，積極的に教育する必要があるという考えです。

それに対して，ゲゼルが示した成熟優位説は，発達は遺伝的要因によって決められているので，レディネスが整って初めて学習が可能になるという考えです。つまり教育は子どもが成長するのを待って進めるべきだととらえます。歴史的には，**ルソー**（Rousseau, J-J.）が唱えた消極的教育に端緒をなすもので，基本的には子ども自身に備わっている発達能力を見守り，助長するのが教育だというのです。

では，教育者や親は，子どもの成長を待っているだけでいいのでしょうか。発達を規定する要因と教育との関係を考えるときも，どちらか一方を採用するのには無理があります。子どもは生まれながらにして，周囲の環境に積極的に働きかける自発性をもっていますし，また周囲の働きかけによって相乗的に発達する可能性も秘めているからです。

(2) 発達の最近接領域

発達を待つだけの消極的教育でもなく，まず教育ありきという積極説とも

Keyword：ロック→p.243　タブラ・ラサ（白紙）説→p.251　ルソー→p.244

違う考えを提案したのが**ヴィゴツキー**（Vygotsky, L.S.）です。彼は発達には独力でできる水準（現在の発達水準）と，援助によって可能になる水準（明日の発達水準）の2つがあると主張しました（図2－4）。この援助によって問題解決できる部分を**発達の最近接領域**と呼び，教育とは，この2つの水準のずれの部分に適切な働きかけを行っていく過程だととらえたのです。つまり教育とは，少しだけ発達の先をいく援助を行い，どんどん子どもたちの達成水準を引き上げていく営みだといえます。

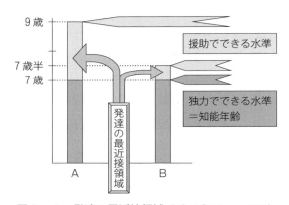

図2－4　発達の最近接領域（ヴィゴツキー，1964）

5．ライフサイクルと発達段階

（1）心理社会的発達理論とアイデンティティ

　エリクソン（Erikson, E.H.）は他者との社会的な関わりの中での人格の発達についての理論を展開しました。エリクソンの考え方の背景には，児童精神分析の臨床活動，子どもの遊びに関する実験的研究，比較文化的研究，人

Keyword：ヴィゴツキー→p.244　発達の最近接領域　エリクソン→p.242

類学的親子関係の研究等の幅広い経験があります。彼は人間の発達を個人と社会との相互作用の中で起こるものとしてとらえており，発達に対する彼の考え方は，心理学にとどまらず，教育の幅広い分野に影響を与えています。

とくに，青年期の発達課題を示す概念としてエリクソンが取り上げた**自我同一性（アイデンティティ）**は，この時期の子どもたちの心理的特性を説明する際に用いられます。中学校に入って，思春期と呼ばれる時期を迎える子どもたちは心身ともに急激な成長を示し，**第二次反抗期**とも呼ばれるように，大人からの干渉を嫌い，無口になったり，反抗的な態度をとったりするようになります。大人からすれば，扱いづらく，何を考えているのかわからなくなる「困った時期」ととらえられますが，エリクソンは，自分自身を見つめ「本当の自分とは何か」と問いかけながら，答えを見つけようと模索するこの時期の混乱や葛藤が，親から自立しアイデンティティの確立をするプロセスとして重要であるという見方をしています。

エリクソンは以下の4つのアイデンティティの感覚をもつことで，「自分が自分であるという感覚」が確立されていくことになると言っています。

- 自己斉一性・連続性：過去の自分と今ここにいる自分が時間的に連続している感覚。
- 対自的同一性：自分が何をしたいか，どこに向かっているのかがわかっている感覚。
- 対他的同一性：他者から見た自分と，自分の思う自分とが一致している感覚。
- 心理社会的同一性：自分と社会との結びつきがきちんとある感覚。

アイデンティティの確立は青年期の発達課題とされていますが，ライフサイクル理論の中核的な概念でもあり，人は生涯をかけて「自分らしく生きること」を求め続けていく存在であるということができます。

Keyword：自我同一性（アイデンティティ）→p.247　第二次反抗期

（2）ライフサイクル理論

エリクソンの発達理論の特徴は以下のようなものです。

①人間の一生を「**ライフサイクル**」という概念でとらえ直し，誕生から死に至るまでの生涯すべてを発達の過程として位置づけました。

　初期の発達心理学が誕生から青年期までの心身の成長を研究対象としていたのに対し，エリクソンは，成人後も人は常に環境との相互作用の中で発達を続けると考えました。たとえば親子関係を見るとき，親を一方的に子どもに働きかけ，子どもの発達を支える存在としてとらえるのではなく，子どもからの働きかけを受け，親として発達していく存在としてとらえたのです。親子は互いに影響し合いながら，それぞれ自分の**発達課題**を担って，生涯を通じて人格発達を遂げていくのです。

②人間の一生を8つの発達段階に分け，各段階に固有の発達課題を設定し，前段階の発達課題の達成が後の発達段階における課題の達成に影響を及ぼすと考えました。

　人間の発達過程において**知的発達**や**社会性**の発達が早期に達成されることが必ずしもよいことではなく，ときには十分に世話をされ依存することが，また，ときには親の統制に対して自己主張することや，自発的に遊ぶことが大切であるというように，各発達段階に応じた体験を重要視しています。それぞれの発達段階を十分に生きることが，次の段階へのスムーズな移行と将来の健全な人格形成につながると考えていました。

③発達課題の達成の過程を「**心理・社会的危機**」としてとらえ，「成功か，失敗か」というとらえ方ではなく，どのようなバランスでこの危機を乗り越え，周囲の人とのどのような関わりの中で人格を発達させたかという点を重視しました。

　たとえば，乳児期の心理社会的危機としての「基本的信頼　対　不信」

Keyword：ライフサイクル→p.254　発達課題→p.252　知的発達　社会性　心理・社会的危機→p.249

表2-1 エリクソンの心理社会的発達段階（Erikson.1963を参考に筆者作成）

段階	時期	心理・社会的危機	重要な対人的環境	好ましい結果
Ⅰ	乳児期（0～1歳）	基本的信頼 対 不信	母親、またはその代理者	自分は愛されており、人は信頼できるという感覚をもつ。
Ⅱ	幼児前期（1～3歳）	自律性 対 恥・疑惑	両親	自力での移動や食事、排泄が可能になり、自らの意志で自分自身の行動をコントロールしようとする。
Ⅲ	幼児後期（3～6歳）	自発性 対 罪悪感	家庭、近隣、幼稚園、保育所	「遊戯期」とも呼ばれ、自発的な遊びに没頭し、好奇心を力に、遊びの中で実験と挑戦を繰り返す。
Ⅳ	学童期（6～12歳）	勤勉性 対 劣等感	学校、近隣、仲間集団	仲間集団の中で、社会生活に必要な知識や技能を学習する。自分の能力や役割を客観的にとらえ、目標をもって努力するようになる。
Ⅴ	青年期	自我同一性 対 同一性混乱	仲間集団、外集団、リーダーシップのモデル	個人の自立を前提として集団や社会へ適応し能力を発揮する。自分という存在を問い直し、自己像としての自分、他者から見た自分、理想とする自分といった自己概念を統合し受容する。
Ⅵ	前成人期	親密性 対 孤立	職場、友人、恋人	親密で永続した人間関係を形成する。生涯を託す職業やパートナー、生活様式の選択。
Ⅶ	成人期	世代性 対 停滞	家族、職場	社会の中核となり、子どもや、職場の後輩など次の世代を育てることに積極的に関与する。
Ⅷ	老年期	統合性 対 絶望	人類 次世代	過去を振り返り、良いことも悪いことも含めて精一杯生きてきた人生として受け入れる。次世代に希望を託す。

について考えてみると，人間に対する絶対的な信頼を獲得することも，完全に不信感だけをもつことも簡単なことではないはずです。

「基本的信頼＞不信」という関係があれば，人と関わることが苦痛になることはありません。また，児童期においてもたいていの子どもは，目標設定，仲間との協力，努力，達成，自信の獲得と同時に，競争，敗北，劣等感の獲得といった経験をもちます。そのような中で「**勤勉性の獲得＞劣等感**」というバランスが保たれていれば発達課題は達成され，それを足がかりとして次の課題に立ち向かうことができます。

(3) 第9の発達段階

エリクソンの死後，妻であるジョアン・エリクソン（Erikson, J.M.）が彼の著書の増補版を出版し，増補の部分には，エリクソンが示した8つの発達段階の次の段階として「第9の発達段階：超高齢期」の発達課題が示されています。すなわち「老年的超越」です。**超高齢期**には，心身の衰えや身近な人の死に遭遇し，自分自身の死も遠くないことを実感しますが，これらの喪失を生き抜く足場として，人生の出発点で獲得した「基本的信頼感」が役立つとしています。そして，人生の第9段階で否応なく味わうことになる喪失によってこそ人とのつながりを実感し，現状を肯定し多幸感をもたらす，「老年的超越」に近づくとしています。100歳を超えて生きることが珍しくなくなる時代に入り，多くの人が子ども時代より長い期間の老年期を過ごすことになります。「100年の発達」を視野に入れて，「教育」を考えていくことが求められているのです。

Keyword：勤勉性　劣等感　超高齢期→p.251

*R*eview
復習課題

1. 子ども時代の「発達の特徴」を6つの観点からまとめましょう。
2. 「遺伝」と「環境」が発達に与える影響について「身体的特徴」,「生活習慣」,「学力」,それぞれについて説明してみましょう。
3. エリクソンの発達課題をふまえて,小・中学生の時期に重視される体験にはどのようなものがあるのか,具体的な例をあげてみましょう。

*K*eybook
引用・参考文献

石井正子編著(2009)発達心理学―保育者をめざす人へ― 樹村房

エリクソン, E. H.・エリクソン, J. M. 村瀬孝雄・近藤邦夫訳(1989)ライフサイクル その完結 みすず書房

リンダ. グラットン・アンドリュー. スコット 池村千秋訳(2016)ライフシフト 100年時代の人生戦略 東洋経済新報社

鑪幹八郎(1986)エリクソン, E. H. 村井潤一編 発達の理論をきづく 別冊発達4 ミネルヴァ書房 193-215

Lesson 3

知的発達の過程

　AI（人工知能）があらゆる生活場面に登場する日は遠くないかもしれません。そんな時代に，私たち人間に何よりも必要とされるのが「自分の頭で考える」ことだと言われます。「考える」とは，どのような過程をさすのでしょうか。私たちは何を使って考えるのでしょうか。

　Lesson 3では，子どもたちが外界を認知するしくみを自ら発達させていく過程を明らかにしたピアジェの考え方をもとに人間の知的発達の過程を学びます。そのうえで，子どもたちが社会の変化に柔軟に対応して生きていくことを支える働きかけについて考えてみましょう。

*P*rep
予習課題

1. 「考える」と「感じる」の違いは何でしょうか。自分がどのように使い分けているか振り返って，説明してみてください。
2. 私たちが使う「言葉」にはどのような役割があるでしょうか。コミュニケーション以外の言葉の役割をあげてみましょう。
3. 「算数が好き」と答える児童の割合は，小学校低学年では8割を超えますが，4年生ごろから，急激に減少します（ベネッセ，2014）。この理由を考えてみましょう。

1.「考える」を考える

(1)「感じる」と「考える」の違い

　「考える」について考えるために，まずは「感じる」と「考える」の違いを考えてみましょう。「感じる」とは感覚器官に入ってきた刺激に対して，意図せずに「感覚」や「思い」を生じることです。一方で，「考える」とは何らかの問いへの答えを出すために，対象を**認知**し，**概念化**し**推理**や**判断**を行う過程です。

　たとえばあなたが，散歩中の犬が近づいてくるのを見て「可愛い」，あるいは「怖い」と感じたとします。その次に「あれは犬だ」と認知し，「何という種類だろう」，「飼い主は危険のないように引き綱をしっかりもっているだろうか」と考えます。そしてさらに，「自分が可愛がっていた犬と同じ種類だ。懐かしい」とか「昔，犬に噛まれたときは本当に怖かった」というように，考えることで呼び起こされた記憶によって，再び，さまざまな思いや感覚が浮かんでくることもあります。このように「考える」とは，感覚器官に入ってきた情報を意識上に認知し，これまでの記憶にある情報に結びつけて整理し，情報同士を結びつけて，新たな情報を生み出す知的作業です。

(2) 言葉をもたなくても考えることはできる

　ところで，私たちは多くの場合，言語を使って物事を考えます。言語は，さまざまな形で入ってきた情報を効率よく概念化します。言葉にすることによって情報は扱いやすくなり，推理や判断がしやすくなります。さらに，言葉は，他者と共有できる記号ですから，自らの考えを人に伝えることが容易

Keyword：認知　概念化　推理　判断

にできるようになります。

　このように私たちは言語を使用することによって，高度な思考力を身につけることができましたが，言葉をもたないからと言って，考えることができないわけではありません。たとえば，心理学の実験で対象とされてきたチンパンジーは言葉を話しませんが，記憶をもとに「推理」や「判断」を行っています。つまり「考えている」わけです。そして，言葉を習得する以前の赤ちゃんも考えています。ここでは，「思考」の発達に焦点をあて，発達にともなって徐々に複雑な情報処理を求めてくる環境へ適応するために，私たちは「考え方」をどのように発達させていくのかについて学んでいきましょう。

2．ピアジェの認知発達理論

（1）認知とは

　認知という言葉は，心理学で頻繁に登場する言葉ですが，認知の意味には幅があり使われる文脈によって表す内容が異なります。「知覚し存在を認める」という意味で使われる場合もあれば，「知覚したものが何かがわかること」という意味で使われる場合もあります。さらには，知識を得る働き，すなわち「知覚・記憶・推論・問題解決」などの思考活動全体を総称する場合もあります。ここでは，認知を「知覚したものを自分自身がすでにもっている枠組みにあてはめて理解し思考に結びつける働き」ととらえます。そのうえで，スイスの心理学者**ピアジェ**（Piaget, J.）が提唱した「認知発達」のメカニズムについて見ていきましょう。ピアジェの研究の多くは子どもたちの認知能力の発達にともなう「思考の構造の変化」に焦点があてられたものでした。

Keyword：ピアジェ→p.243

(2) ピアジェ理論の特徴

ピアジェは，子どもの「思考の発達」のメカニズムについて，画期的な理論を提唱しました。ピアジェの研究の多くは子どもたちの認知と思考の発達に焦点があてられたものでした。

ピアジェ理論の特徴としては以下のような点があげられます。

①人間が物事を認識する力がどのようにして獲得されていくのかを，明らかにしようとしました。それまでの発達心理学が発達の現象の変化の記述にとどまっていたのに対し，子どもの内面で起こっている変化に注目したのです。

②理論的基盤に生物学をおき，子どもが外界を認識する過程を**同化**，**調節**，**均衡化**としてとらえました。思考の構造（**シェマ**）という概念を用いて，生物が環境との相互作用の中で身体的構造を変化させていくのと同じように，人間は環境との相互作用を通じて自らの思考の枠組みを変化させ，新たな構造をつくり上げていくと考えました。

③認知構造の発達段階を設定しました。そして，この段階は順序が一定で変わることはなく，また，非可逆的なものであるとしました。

(3)「同化」「調節」「均衡化」

ピアジェが用いた概念のうち，同化とは外界の事物を自分のもっている構造に合わせて取り入れることです。自分ができるようになったやり方をさまざまな問題解決場面で使ってみることがこれにあたります。調節とは，今までのやり方では対応できなくなった問題を解決するために，自分自身の構造を変化させることです。たとえば，解決が困難な新たな問題に新しい方法を試してみることがこれにあたります。そして同化と調節を繰り返すことに

Keyword：同化　調節　均衡化　シェマ

よって均衡化を図り，獲得した構造（シェマ）によって，より高次の課題解決が可能になっていきます。

たとえば，物の数を把握する方法を考えてみると，幼児であっても1～3個程度，小学生なら4, 5個の対象であれば一目見て何個かわかります。しかし，それ以上になると，数えることで正確な数を把握しようとします。その数がさらに増えて，1つずつ数えることが難しくなってくると，10個ずつまとめるとか，方形に並べてかけ算を使うなどという方法も使うようになります。このとき，私たちは対象にあわせて，自分たちの使う数把握の構造（シェマ）を変化させているのです。

私たちはつい「いくつまで数えられるか」ということに目を向けがちですが，ピアジェは「どのようなやり方で数えたか」ということに関心をもちました。正しい答えを出せたかどうかではなく，対象をどのように認識し，どのような考え方で答えを出そうとしたかを重視したのです。ピアジェは，人間が同化と調節による均衡化を繰り返し，次々と出現する新たな課題を解決できる構造を獲得して，環境への適応を図っていくと考えました。

3．ピアジェによる思考の発達段階

表3-1にピアジェが考えた思考の発達段階についての概要をのせました。この中に出てくる**操作**という言葉は耳慣れないかもしれません。ピアジェの言う操作（operation）とは頭の中で，イメージや言葉を動かすことです。

具体的操作とは，実際に目で見たり，手で触れたりできるものを頭の中にイメージして動かすことができるということです。**形式的操作**とは，実際には目にすることが不可能であったり，現実にはありえないようなことでも，論理として存在を仮定し，それを使って自由に思考を展開させることです。

Keyword：操作　具体的操作　形式的操作

表3−1　ピアジェによる思考の発達段階

ステージ	完成の時期	段階の特徴
感覚運動期	0〜2歳	感覚と運動機能を用いて外界を認識していく。**生得的反射**により，外界との接触が始まり，しだいに能動的，適応的な動作へと変化する。見る，吸う，つかむ等の動作ができるようになると，偶然それらが結びつくことにより，**循環反応**が出現する。さまざまな試行錯誤を繰り返し，洞察的行動を獲得する。思考の対象となるのは今起こっていることに限られる。
前操作期	2〜7, 8歳	感覚と運動に頼らず，**イメージ**や**シンボル**による思考が行われる。言語の使用，描画や延滞模倣が可能になる。この時期の思考は論理よりも知覚にもとづいた直観によるものでみかけにまどわされやすい。思考の対象となるのは実際に知覚できるものとその記憶。
具体的操作期	7, 8〜11, 12歳	子どもは知覚に支配されることなく，論理の筋道にしたがった思考が可能となってくる。ただしそれはいつも実用的問題や具体的場面に対してしか適用できず，現存する対象を離れた論理的推論はまだ不可能である。**保存概念**が獲得される。思考の対象となるのは，具体的にイメージ可能なものや出来事。
形式的操作期	11, 12歳〜	思考の方法は試行錯誤的ではなく論理的で効率がよい方法をとる。具体的な対象に限らず，言語的仮説にもとづいた推理や抽象的概念を操作することができるようになる。自分の思考そのものを思考の対象とすることができるようになる。

それぞれの発達段階について，順に解説していきます。

（1）感覚運動期（0〜2歳）

①身体を使った思考

　乳児は，見る，聞く，嗅ぐ，触る，味わうといういわゆる五感に加えて，なめる，噛む，振る，叩く，つかむ等の動きによって生じる感覚を通して，まずは自分の身体を，そしてその身体を通して外界の事物を知っていきます。

このように，感覚と身体運動を結びつけることによる思考をピアジェは**感覚運動的思考**と呼び，言葉や表象ではなく感覚と運動によって考える0～2歳ごろまでの乳児期を**感覚運動期**と呼びました。

「感覚と運動で考える」と言っても，なかなかわかりにくいかもしれません。たとえばスマートフォンの操作を例に取ってみると，指先で画面をスクロールする指の動きを私たちは実際に操作して，結果としての画面の動きを見て身につけています。同様にタップするとか，スワイプするとか，おそらく多くのみなさんが誰かにやり方を教わったというより，見よう見まねで操作と結果を結びつけながら，いつの間にか身につけていたのではないでしょうか。そのとき，無意識に指先の運動と視覚情報としての画面の関係を考えながら記憶していたわけです。

②思考のきっかけを生み出す原始反射

新生児には，**原始反射**が生まれつき備わっています。そのほとんどは，生き延びていくために必要なものとして，あらかじめプログラムされている行動と考えられています。

たとえば，**口唇探索反射**によって母親の乳首を見つけ，**吸啜反射**によってオッパイを飲むことができるようになります。また，**把握反射**や**モロー反射**は，親の体にしがみつくための行動と考えられています。原始反射は意志と関係なく不随意に起こる運動ですから，思考が始まる以前の運動であると同時に，思考のきっかけとなる外界とのやりとりを生み出すものです。

③循環反応

乳児の最初の行動は不随意の原始反射によるものですが，しだいに心地よい結果をもたらした行動を意図的に繰り返し，同じ結果を再現して楽しむようになっていきます。この行動をピアジェは**循環反応**と名づけました。

Keyword：感覚運動的思考　感覚運動期　原始反射→p.247　口唇探索反射　吸啜反射　把握反射　モロー反射　循環反応

生後2，3か月の赤ちゃんは，自分の手をじっと見つめていることがよくあります。この動作は**ハンドリガード**と呼ばれ，手足の動きが活発になり，ギュッと握ったこぶしが赤ちゃんの視界を横切るようになると始まります。指を動かしては，それを見て楽しみ，しばらくするとまた動かして見つめています（図3-1）。

図3-1　ハンドリガード

　指しゃぶりも，赤ちゃんにとっては知的な探索行動の1つです。最初は，活発にこぶしを動かすうちに，偶然それが口に触れ，吸啜反射が起こることによって始まります。しだいに手や指を意図して動かせるようになって，敏感な感覚が集中している口や唇にもっていって吸うことを楽しんだり，気持ちを安定させることに役立てたりするようになります。ハンドリガードや，指しゃぶりのように，自分の身体と感覚の関係を楽しむように同じ行動を何度も繰り返すことを第一次循環反応と言います。

　生後4か月ごろからは，吊りおもちゃのヒモを引っ張ると音が鳴るというように，自分の行動が外界に何らかの変化を引き起こすという因果関係がわかるようになってきます（第二次循環反応）。

　さらに7，8か月以降になると，手を伸ばしただけでは届かないところにある物を，近くにある何か長い物を使って引き寄せるというように，目的を果たすために手段を組みあわせて用いることができるようになります。12か月以降では，自分の行為と結果との関係に興味をもち，さまざまなやり方を試みて，引き起こす結果の違いを確かめるようになります（第三次循環反応）。

Keyword：ハンドリガード

④「表象」の出現と「対象永続性」の理解

　目の前に存在する物に対して，目の前に存在しないが頭の中に思い浮かべているものを**表象**と言います。ピアジェは，乳児が目の前にないものを表象できるのは生後8か月以降と考えていましたが，その後の実験では生後4か月ごろにはすでに目の前から隠されても，物の存在のイメージをもっているということが明らかにされています。しかし，しっかりとイメージを記憶し，目の前に存在しない物や動作について考えることができるようになる，すなわち表象が可能になるのは6か月以降のようです。生後6か月以前の乳児は，目の前から隠されてしまった物を探そうとはしませんが，それ以降では隠された物を探すようになります。これは，見えなくなった物の存在を表象として記憶することができるようになるからであり，**対象永続性**を理解できるようになったからだと考えられます。

（2）前操作期（1歳半，2歳～7，8歳）

①言語の獲得

　言語にはコミュニケーション機能，思考機能，そして行動調整機能があると言われています。1歳の誕生日を迎えるころから，子どもはまずコミュニケーションの手段として言葉を使い始めますが，徐々に思考や行動の調整に用いるようになっていきます。大人はコミュニケーションの手段としての**外言**（声を出して話す言葉）と思考の手段として主に**内言**（声に出さずに心の中で話す言葉）を使い分けています。2歳ごろの子どもが遊びながら独り言を口にしていることがありますが，ヴィゴツキーはこれをコミュニケーションの手段として獲得された言葉が，思考に用いられるようになっていく過渡期の現象だと説明しました。

　イメージや言葉を思考に使うようになる2歳ごろから，論理的思考が開始

Keyword：表象　対象永続性　外言　内言

される7歳ないしは8歳ごろまでの時期をピアジェは**前操作期**と呼びました。31ページで，操作とは頭の中でイメージを動かすことだと説明しましたが，前操作期の子どもは，イメージや言葉を使うようになるものの，頭の中で自由にそれらを動かして論理的に思考することは難しいのです。

②前概念的思考

子どもは感覚運動期の終わりごろから**延滞模倣**が可能になります。これは，誰かの動作や何かの動きを見た後，かなり時間が経ってからでもその動作や動きを思い出してまねできるということです。また，実物とは異なるものを用いて，実物を表現することを**見立て**といいますが，これも遊びの中でよく見られるようになります。たとえば，積み木を電車に見立てて走らせたり，砂でケーキをつくって木の葉で飾りつけたりして遊ぶことができるようになります。

延滞模倣や，見立てが可能になる背景には，事物を別の何かで表す**象徴（シンボル）機能**の発達があります。象徴機能とは，ものごとを細部までその通りに記憶するのではなく，特徴をとらえたり，記号に置き換えたりすることです。たとえば，長い耳をウサギの象徴としたり，丸を2つ書いて線で結んだ絵で眼鏡を象徴したりすることができます。言葉もシンボルの1つです。シンボルを使うことによって，記憶が格段に楽になり，たくさんのことを覚えたり思い出したりすることができるようになります。

しかし，幼児期前半の子どもが使う言葉は，それぞれの子どもが抱くイメージに結びついた独自のものであり，大人が使うような概念は形成されていません。つまり「ワンワン」という言葉が意味するものが，自分の家の犬だけに限定されていたり（**過限定**），動物すべてにあてはめていたり（**過拡張**）子どもによってさまざまな用い方をします。そこで，この時期の子どもの思考をピアジェは**前概念的思考**と呼びました。

Keyword：前操作期　延滞模倣　見立て　象徴(シンボル)機能　過限定　過拡張　前概念的思考

③直観的思考

　幼児期後期になると，自分のもっているぬいぐるみも，隣の家で飼われているジョンも犬であるとか，犬と猫は違うけれど「動物」という仲間であるとか，電車も自動車も「乗り物」であるとか，事物のつながりに気づき，分類したり，関連づけたりすることがある程度できるようになります。しかし，そのときの判断は論理的ではなく，直観的です。

　たとえば，この時期の子どもは，相対的な大きさや量についての判断，すなわちどちらが大きいかとか，多いかということを比べて判断できるのですが，判断の根拠は直観に頼ったものです。ですから，数が同じでもおき方が違うと片方を多いと判断したり，容器の形が変わっただけで量が増えたと判断したりします。このように見かけや直観に頼った思考をするこの時期の思考をピアジェは**直観的思考**と呼びました。

④自己中心性

　前操作期の子どもは，他人は自分とは全く別の存在であるということがはっきりとは意識されておらず，また，他者の視点からものごとを見たり考えたりすることが難しいようです。ピアジェは当初これを**自己中心性**と呼び，この時期の大きな特徴であるとしました。この場合の自己中心性というのは，利己的とかわがままとかということとは異なります。あらゆることを自分の立場で考えてしまうために，他者の立場からものごとを見ることができないということです。カーテンの後ろに隠れて，足が出ていたとしても，自分から周りが見えないために，相手にも自分が見えないと思いこむようなことがこれにあたります。

　ピアジェが行った自己中心性を証明する実験は次のようなものです。まず，3つの山を三角形の配置に並べた立体模型を用意します(図3－2)。そして，この模型の周りを子どもに歩かせた後，子どもをAの位置に座らせ，反対側

Keyword：直観的思考　自己中心性

のCの位置に人形を置きます。その後，この模型を4つの側面それぞれから見た場合の絵を見せて，今人形が見ている景色を選ぶように指示します。すると幼児は，人形が座っているCの位置からの景色ではなく，自分の見ているAの位置から見える景色のカードを選ぶのです。

ピアジェは，おもちゃや人形はもちろんのこと，すべての物が人と同じような意識や感情をもっていると考える**アニミズム**や，生命のない物にも表情を感じ取る**相貌的知覚**もこの自己中心性から生じた世界観であると述べています。

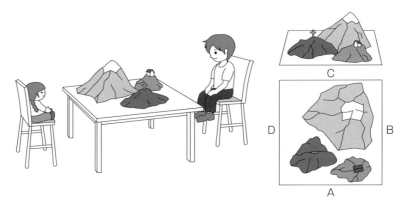

図3-2　ピアジェの3つ山問題（村田，1990）

⑤ピアジェ理論への反証と心の理論

乳幼児期の子どもの認知能力の発達段階についてピアジェが提唱した考え方は説得力があり，感覚と運動で考える段階や，論理よりも直観に支配される時期の存在は，子どもの認知能力の発達研究を大きく進歩させたと言えるでしょう。しかし，その後の研究でピアジェが示した発達段階区分への反証や，より精緻な認知構造の発達過程が示された例も数多くあります。

Keyword：アニミズム　相貌的知覚

たとえば，自己中心性の証明に使われた**3つ山問題**ですが，この問題に正答が出せないからといって，子どもは他者の視点に立てないと断言するには少し課題が複雑過ぎないでしょうか。

　実際にこの実験を行ってみると，確かに多くの子どもは6，7歳になると人形から見えているのが自分の見ている景色とは違うということに気がつき始めますが，正しくCの位置から見える景色を選ぶことはまだ難しく，この課題に成功するのは，9，10歳だといわれています。

　この課題に成功するためには，別の角度からの立体の見え方を記憶し，そのイメージを保持し，目の前の景色を頭の中で別の角度から眺めて，保持された記憶と照らし合わせ，提示された図版の中から正しいものを選択するという手順が必要です。単に，カーテンの後ろに自分が隠れていても，相手からは足が見えているかもしれないということを理解するより，ずっと困難な作業が求められているように思われませんか。人によっては，大人になっても複雑な立体図形を反対側から見たときの見え方を思い浮かべるのが苦手だという人もいるでしょう。

　実際に，子どもが他者の気持ちを推測し，理解できるようになるのは，ピアジェが考えていた時期よりももっと早い時期，おそらくは4歳ごろなのではないかという説もあります。その根拠となるのが**心の理論**です。心の理論とは，他者の心を類推し，理解する能力で，心の理論という呼び方は，1978年に発表された「チンパンジーは心の理論を持っているか」（Premack & Woodruf, 1978）において初めて使われ，それ以後，類人猿や乳幼児を対象にさまざまな研究が行われるようになりました。ヒトおよびヒト以外の動物が心の理論をもっているかどうかについては，主に**誤信念課題**（Wimmer & Perner, 1983）によって調べられます。誤信念課題とは次のようなものです（図3-3）。

Keyword：3つ山問題　心の理論　誤信念課題

①サリーとアンが，部屋で一緒に遊んでいます。
②サリーはビー玉を，カゴの中に入れて部屋を出て行きます。
③サリーがいない間に，アンがビー玉を別の箱の中に移します。
④サリーが部屋に戻ってきます。
⑤この場面を子どもに示して，「サリーはビー玉を取り出そうと，最初にどこを探すと思いますか？」と質問します。

　この課題の答えはもちろん「カゴの中」です。サリーはアンがぬいぐるみを箱の中に隠したことを知らないのですから。しかし，3，4歳以下の幼児は「箱の中」と答えます。この課題に正答するためには，「他者は自分とは異なる意識をもつと考えられること」（サリーは自分とは違う考えをもつかもしれない）と，「状況を理解し，他者の心の中を推察すること」（サリーはアンが箱の中に隠すところを見ていないから，たぶん，人形が箱の中にあると思い続けている）の2つの能力が必要とされます。
　このような課題に4歳の子どもでも正答できるということは，いわゆる前操作期の子どもでも，ある程度他者の立場に立って推測することが可能であることを示しています。前操作期から，具体的操作期への変化は一夜にして起こるというより，子どもが徐々に発達させてきた表象能力，記憶力，類推力，論理的な思考力，判断力，言語表現力等を統合することによって達成されると考えることができます。

（3）具体的操作期（7，8歳～11，12歳）

　7，8～11，12歳ごろの**具体的操作期**に入ると，子どもは具体的な物や場面については，直観に左右されずに理解し，判断ができるようになります。この時期には，**可逆的思考**（一度元へ戻して考える）や**相補的思考**（ある面が変わっても，他の面がそれを補うような変化をしていないか考える）を用

Keyword：具体的操作期　可逆的思考　相補的思考

図3-3　誤信念課題の例

いて，見かけの変化による混乱を補正することができるようになります。たとえば，前操作期の子どもが，物の大きさや量を見た目（直観）によって判断していたのに対して，見た目は変わっても，足したり引いたりしていなければ量は変わらないという**保存の概念**が成立します。

　保存の概念の獲得の様子を調べるため，ピアジェが行った実験の例を図3－4に示します。形と大きさの同じ2つの容器の一方（A）に水を入れ，他方（A′）に同量の水を入れます。ここで，両方の水の量は同じであることを確認させた後，A′の水を違った形の容器Bに入れ替え，子どもに水の量が変わったか，同じかを尋ねてみます。そのとき，BがAよりも高く，しかも細い容器の場合（つまり水面は高くなる），前操作期の子どもは，水の量はBの方が多いと答えてしまうのです。ところが，同じ子どもが具体的操作期に入ると，まるでそんなことはあたりまえだと言うように「同じだよ。だってさっき同じ量だったじゃない。入れ物の形が変わっても水の量は変わらないもの」と答えるようになるのです。

　ピアジェは，量以外にも数，長さ，重さなどで同様の実験を行っています。測定するものが変わることによって課題に正答する時期が異なることがわかっており，先述の自己中心性の実験と同じく，ピアジェ課題に正答するためには，単純に「見た目は変わっても，足したり引いたりしていなければ量

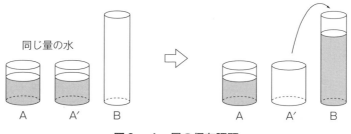

図3－4　量の保存課題

Keyword：保存の概念

は変わらない」という保存概念の獲得以外にも，必要とされるさまざまな能力があると思われます。

（4）形式的操作期（11，12歳以降）

具体的な物や場面の助けがなくても，文字や記号だけで抽象的に思考できるようになるのは，小学校高学年（11歳ないし12歳）ごろからです。ピアジェはこの時期を**形式的操作期**と呼びました。形式的操作期に入ると，抽象的な内容についても論理的思考が可能となります。つまり，自分の経験や具体的な事物に頼るのではなく，頭で論理を組み立てることで，結果を予想することができるようになるのです。

形式的操作期の思考を特徴づけるものとして，天びんのつりあい課題があげられます（Piaget & Inhelder, 1958）。実験者は子どもに図3-5のような天びんを提示し，おもりを使って天びんのつりあいをとらせ，さらにつりあいが保てている理由を回答させます。その結果，具体的操作期の子どもは，つりあいをとるために，おもりを加えたり除いたり試行錯誤を繰り返します。一方，形式的操作期の子どもは，天びんのおもりの重さと支点からの距離の関係をもとに，「支点からの距離が同じならば，同じおもりが必要だ」，「支点からの距離が遠いのであれば，天びんのおもりを減らせばいい」，というように，さまざまな可能性を考え，仮説を立てて検証していく仮説演繹的な思考ができるようになります。

また，具体的操作期の子どもは自分が実際に経験したことや，具体的事物に頼って考えることが多いのですが，形式的操作期の子どもは抽象的な概念についての思考が可能となります。たとえば，速度を具体的事物として表すことはできないわけですが，走った距離を走った時間で割ったものとして理解することができるようになります。また，形式的操作期の子どもは具体的

Keyword：形式的操作期

事物に頼らなくとも，仮説や論理にもとづく抽象的な世界での思考が可能になります。このことは，小学校の算数では文章題を解くときに，具体的な図や絵を使って考えることが多いのに対して，中学校の数学では記号や数式といった抽象的なものを利用するようになることが多くなることからもわかります。

ピアジェは，当初形式的操作期の完成を15歳ごろと考えていたようですが，これについては批判も多く，ピアジェ自身が後に理論を修正し，形式的操作期の完成時期には個人差や文化差があること，また，論理的思考力が発揮される分野にも個人差があり，個人の適性や環境の影響を受けることを認めています。

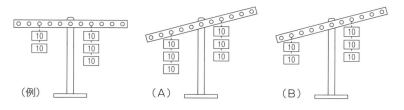

図3－5　天びん課題の例

4．プログラミング教育とピアジェ

　2020年度から実施される学習指導要領の改訂にともなって，日本ではすべての小学校で**プログラミング教育**が実施されます。プログラミング教育開始の目的は，情報技術（いわゆるIT）を使いこなす人材育成によって国際的な競争力を高めることとされていますが（文部科学省，2019），実はプログラミングに求められるのは目標達成のための主体的な課題への取り組みと論理的，分析的に自らの認知構造を修正していく思考力であり，これはピアジェが構築した思考の発達理論と深い関係があります。

　数学者であり人工知能学者であり，発達心理学者でもある**パパート**（Papert, S.）は，ジュネーブ大学でピアジェと共同研究を行った後，教育用のプログラミング言語LOGOを開発し，子どもたちの教育に役立てようとしました。

　ピアジェの考え方の基本は，子どもが環境との相互作用の中で自らの認知構造を作り上げていくというものであり，**構成主義**と呼ばれることもあります。

　1980年に，パパート（Papert, S., 1995）によって『マインドストーム』という本が書かれ，コンピュータを使って，子どもの学びを助ける方法が数多く示されていました。ここでは，物理や数学あるいは文法などについて学校で教えてもらうことよりも，自分で設定した目的のためにコンピュータをプログラミングして実際に動かしてみる方がより深い学びに到達できるという事例があげられています。

　2020年実施の学習指導要領で重視されている「主体的・対話的で深い学び」は，実はピアジェが主張した子どもたちの認知発達の過程そのものを表す言葉でもあるのです。つまり，子どもたちが自ら発見した問題解決のためにもっ

Keyword：プログラミング教育→p.253　パパート→p.243　構成主義→p.247

ている知識や技能を生かして自分なりのやり方を試し（同化），うまくいかなければその理由を考え，修正を試み，ときには全く別の方法に挑戦して（調節）新たな問題解決のしくみを体得していく（均衡化）過程をあらわしていると言うことができます。

Review

― 復習課題 ―
1. ピアジェによる4つの発達段階と特徴を説明してみましょう。
2. 前操作期の子どもと具体的操作期の子どもの違いを「保存」の概念を用いて説明してみましょう。
3. 言語の3つの役割と「外言」，「内言」との関係を説明してみましょう。
4. 「心の理論課題」を通過するためにはどのような力が必要になるか説明してみましょう。
5. 「形式的操作期」の思考はどの領域でも同じように獲得されると考えてよいでしょうか。あなたの考えを述べてみましょう。

Keybook

引用・参考文献

新井紀子（2018）AI vs. 教科書が読めない子どもたち　東洋経済新報社
石井正子（2009）第1章　3．発達の考え方を支える理論　石井正子編著　発達心理学―保育者をめざすひとへ―　樹村房　12-20
ピアジェ, J. 著　谷村覚・浜田壽美男訳（1978）知能の誕生　ミネルヴァ書房
柴田義松（2006）ヴィゴツキー入門　子どもの未来社
シーモア・パパート（1995）マインドストーム―子供，コンピューター，そして強力なアイデアー　未来社
文部科学省（2018）小学校学習指導要領　2019年告示　文部科学省

Lesson 4

記憶のしくみ

　あなたは，朝起きて家族に挨拶をして朝ごはんを食べ始めるとき，家族の顔を見て「この人は誰だろう」と考えたり，「お箸のもち方はどうだったろう」と考えたりするでしょうか。人の顔とお箸の使い方はずいぶん違うものですが，どちらもしっかり記憶していますね。このように，記憶にはさまざまな種類があり，そのどれもが私たちの暮らしを支える大切な役割を果たしています。
　Lesson 4 では，記憶のしくみや種類，忘れる（忘却）ことについて学びます。

Prep
予習課題

1．新しいことを覚えようとするとき，あなたはどのような工夫をしているでしょうか。具体的にいくつかあげて，なぜそうするのか理由を考えてみましょう。
2．「鳥」という言葉を見たときに，どのような言葉やイメージがわきますか。できるだけ多く書き出してみましょう。

1. 記憶とは

「もっと記憶力がよければ…」と思ったことはないでしょうか。たった一度でもしっかり記憶に残ることもあれば，何度覚えようとしても忘れてしまうこともあります。記憶のしくみは一体どのようになっているのでしょうか。

(1) 記憶のしくみ

私たちは日常の中で，「覚える」とか「思い出す」という言葉を使っています。心理学の専門用語では，新しく覚えることを「**記銘（符号化）**」，覚えた情報を忘れずに留めておくことを「**保持（貯蔵）**」，その情報を思い出すことを「**想起（検索）**」と呼びます。たとえば，テストために，語呂合わせなどをして覚えるのが記銘（符号化），それをテストの日まで（あるいはその先も）覚えておくのが保持（貯蔵），テスト中に問題を読んで思い出すのが想起（検索）です。

覚えている時間によって記憶を分類する考え方が，アトキンソンとシフリン（Atkinson & Shiffrin, 1971）の提唱した**多重貯蔵モデル**です（図4－1）。このモデルでは記憶を，**感覚記憶**，**短期記憶**，**長期記憶**の3つに分類して理解します。

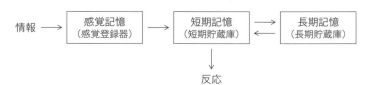

図4－1　記憶の多重貯蔵モデル（Atkinson & Shiffrin, 1971を北神，2015が改変）

Keyword：記銘（符号化）　保持（貯蔵）　想起（検索）　多重貯蔵モデル　感覚記憶　短期記憶　長期記憶

一般に私たちが目や耳などを通してさまざまな感覚を受容したときに，その情報を一瞬だけ**感覚記憶**にとどめます。でも，感覚記憶は私たちが意識しないものです。そうした情報のうち注意を向けて意識に上げたものは短期貯蔵庫に入り，**短期記憶**になると考えられています。短期記憶は，頭の中で繰り返し復唱する（**リハーサル**と呼びます）等の情報処理が行われると長期貯蔵庫に転送され，長期にわたって頭の中に定着する**長期記憶**となります。

（2）短期記憶とワーキングメモリ

①マジカルナンバー7±2

短期記憶には，覚えられる量に限界があること，妨害に弱いことなどの特徴があります。ミラー（Miller, G.）の研究によって，一度に覚えられる数は7±2項目程度だと示されました。つまり意味のない数字の列だと7桁くらいが覚えられる限界です。もちろん，人によって差があります。鍛えれば覚えられる量が増えるという話もありますが，効率よく覚えるためには仲間をまとめるとうまくいきます。

たとえば，「スイカ」「ライオン」「ブロッコリー」「サンマ」「イワシ」「アスパラガス」「カワハギ」「シマウマ」「パンダ」を覚えてください。単語が9つもあるので，なかなか大変です。こういうときには，野菜・魚・哺乳類にまとめてみましょう。「スイカ」「ブロッコリー」「アスパラガス」が野菜，「サンマ」「イワシ」「カワハギ」が魚，「ライオン」「シマウマ」「パンダ」が哺乳類です。こうすると3種類の仲間ができて，それぞれが3つの単語になりますから，覚えやすくなります。

つまり，情報のまとまり（仲間のことで**チャンク**と呼びます）の数を7より小さくすれば記憶しやすくなるのです。ただ，その後の研究で，何を覚えるかによって容量も変わり，単語は数字よりも容量が少なく5程度だという

Keyword：感覚記憶　短期記憶　リハーサル　長期記憶　7±2　チャンク

こともわかってきました。

②ワーキングメモリ

　記憶の研究が進むと，時間よりもっと働きに着目すべきだという考え方が出てきました。**バッドリー**（Baddeley, A.）の唱えた**ワーキングメモリ（作業記憶）**の考え方です。ワーキングメモリは短期記憶の1つですが，ある目的（作業）のために情報を一時的に留めるだけではなく，その情報を選択したり操作したりする過程を含みます（図4－2）。

　ワーキングメモリがないと目の前の人と会話することもできませんし，17＋26のような，繰り上がりのある足し算を暗算で行うこともできません。こうした例からもわかるように，ワーキングメモリは外界からの情報だけではなく，単語の意味や計算の仕方など長期記憶からも必要な情報を想起して，ある作業の間しばらく記憶にとどめる役割もあります。

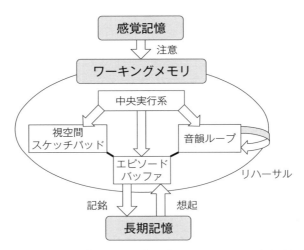

図4－2　ワーキングメモリモデル（Baddeley, 2000をもとに作成）

Keyword：バッドリー→p.242　ワーキングメモリ（作業記憶）

ワーキングメモリには，音の情報を留める**音韻ループ**と，形や色や空間位置の情報を留める**視空間スケッチパッド**，そしてそれらすべての情報と長期記憶の情報を留める**エピソードバッファ**があります。**中央実行系**が情報を統合して，これら3つのシステムの管理をします。

（3）長期記憶

長期記憶は，その容量が無限でほぼ永久的に保存されている記憶です。私たちはこの長期記憶からさまざまな情報を引き出して活用しています。

長期記憶はその特徴によって，図4-3のように分類されます。まず，言葉によって説明できるような記憶を**宣言的記憶（顕在記憶）**と呼びます。一方，言葉では説明できず，「体が覚えている」と表現されるような記憶など，無意識的なものを**非宣言的記憶（潜在記憶・手続き的記憶）**と呼びます。

宣言的記憶は，さらに**エピソード記憶**と**意味記憶**に分類されます。たとえば，パソコンを思い浮かべてください。「昨日，友人に借りたパソコンを壊してしまった」のような，「いつ・どこで・誰と」という文脈の情報がある

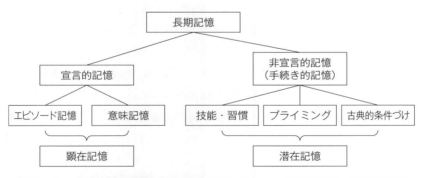

図4-3　長期記憶の種類（Squire & Zola-Morgan, 1991を北神，2015が改変）

Keyword：音韻ループ　視空間スケッチパッド　エピソードバッファ　中央実行系
→p.251　宣言的記憶（顕在記憶）　非宣言的記憶（潜在記憶・手続き的記憶）
エピソード記憶　意味記憶

のがエピソード記憶です。一方,「パソコンには,デスクトップ型もあれば,ノート型もある」という,パソコンとは何かという知識に関する記憶は意味記憶です。このように,エピソード記憶も意味記憶も,自分自身の記憶にあるかどうか意識できる記憶です。

　非宣言的記憶は,**技能・習慣（技の記憶）**,**プライミング**,**古典的条件づけ**,に分類されます。パソコンでレポートを書くときに,とくに意識しなくてもキーボードを打つことができるような記憶が,技能・習慣の記憶です。Lesson 4 冒頭の,意識しなくてもお箸をもてる,というのも同様です。また,パソコンを購入する日に,前日CMで見たパソコンが記憶に残っており,とくに意識することもなくそのパソコンの購買行動に影響を及ぼすようなケースがプライミングです。プライミングとは,以前に経験したことが,無意識的に後の認知や行動に影響を与えることです。Lesson 6 で紹介する古典的条件づけも,意識されない記憶の仲間として分類されます。

（4）短期記憶と長期記憶に分ける根拠

　短期記憶と長期記憶の存在は,実験により確かめることができます。実験参加者に単語のリストを提示し,提示順序に関係なく思い出した順に自由に再生するよう求める（**自由再生法**）課題を実施すると,図4－4の実線で示したような結果になります。横軸は単語が提示された順序,縦軸は再生成績を表します。提示された位置（**系列位置**）の前部と後部の再生成績がよく,中間の位置は悪い,U字型の**系列位置曲線**が得られることがわかります。前部の成績がよいことを**初頭（性）効果**,後部の成績がよいことを**新近（性）効果**と呼びます。一方,単語のリストを提示した後にすぐに単語を再生させず,計算課題などをさせてから再生を求めた場合,図4－4の破線で示したように,初頭（性）効果はありますが,新近（性）効果が消失します。

Keyword：技能・習慣(技の記憶)　プライミング　古典的条件づけ　自由再生法
　→p.248　系列位置　系列位置曲線　初頭(性)効果　新近(性)効果

この結果から，リストの初めの方の単語は長期記憶に，終りの方の単語は短期記憶に貯蔵されると考えられます。前者はリハーサルされる機会が多いため長期記憶に転送されます。しかし後者はリハーサルの機会が少なく，暗算課題によってリハーサルが妨害されることで想起できなくなることから，短期記憶にとどまっていると考えることができます。

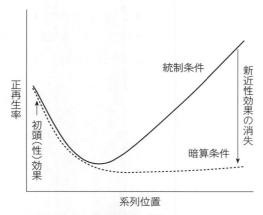

図4－4　系列位置曲線（箱田，2010を改変）

2．忘れる

　忘れること，すなわち**忘却**とは，記憶内容を想起できないことです。宿題を忘れる，覚えたはずの英単語を忘れるなど，忘れるという言葉にはネガティブなイメージがつきまとうものです。忘却がどのように生じるかについては，以下に説明する通り諸説ありますが，まだ理論的な一致に至っていません。

Keyword：忘却

（1）減衰説

記憶した内容が時間とともに部分的,全体的に消失していく,という説が記憶の**減衰説**です。**エビングハウス**（Ebbinghaus, H.）は**無意味綴り**を使って記憶量が時間とともに変化する割合を調べました（図4－5）。図の忘却曲線からわかる通り,時間の経過とともに記憶量が減少していることから,この結果は減衰説の裏づけとされてきました。高校生のころに暗記した化学式をさっぱり忘れているなど,日常生活においても実感できると思います。これは,あまり使わなくなった脳の反応が徐々に弱くなっていく現象と関連していると考えられます。

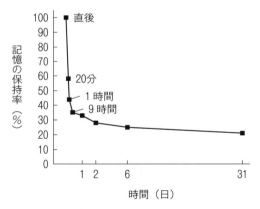

図4－5　エビングハウスの忘却曲線（Ebbinghaus, 1885を北神, 2015が改変）

（2）干渉説

先に学習したことと後に学習したことがお互いに影響し合って記憶があい

Keyword：減衰説　エビングハウス→p.242　無意味綴り→p.253

まいになると考えるのが**干渉説**です。先に学習したことによって後に学習することが妨害されるのを**順向干渉**，後に学習したことよって先に学習したことが妨害されるのを**逆向干渉**と呼びます。両者とも，先に学習した内容と後に学習した内容の類似性や学習量などが影響すると言われています。綴りが似ている英単語を続けて覚えようとすると混乱したという人もいるのではないでしょうか。

(3) 検索失敗説

　私たちは51ページで，長期記憶は「ほぼ永久的に保存できる記憶」と学びました。記憶は忘れるのではなく，思い出せないだけであると考えるのが**検索失敗説**です。たとえば，何かの手がかりによって突然思い出せる場合や，テスト中には思い出せなかった語句を，なぜか後日お風呂に入っているときに急に思い出したりする場合があります。これは記憶自体が消えてしまうのではなく，うまく想起できないことを示しています。つまりこの説では，長期記憶に保存されている記憶の検索に失敗して思い出せないと考えます。

(4) 記銘失敗説

　最近の脳機能イメージング研究で支持されているのが**記銘失敗説**です。学習したことをうまく思い出せないのは，そもそも覚える際にすでに失敗しているためだという考えです。覚えるときの脳活動を調べると，活発に脳が働いているときと，あまり働いていないときがあり，その活動の高さで後のテストの成績が予測できることがわかりました。これは，覚えるときにしっかりと情報を記憶に書き込めていないために思い出せないということを示しています。

Keyword：干渉説　順向干渉　逆向干渉　検索失敗説　記銘失敗説

（5）忘れないようにするには…

　覚えたい事柄についてとにかく何度も口に出して繰り返したり，書いたりして覚えようとした経験があると思います。このような単純なリハーサルを**維持リハーサル**と呼びます。しかし，ただ単純に繰り返すだけでなく，記憶するときに工夫すること（**記憶方略**）で長期記憶に定着しやすくし，かつ思い出そうとするときの手がかりを増やすことができます。

①覚える対象に興味・関心をもつこと
　みなさんも経験から，好きなことは簡単に覚えられるけど，嫌いなことや興味のないことはなかなか覚えられないことを知っているでしょう。何より対象に興味をもつことが大切です。

②より深いレベルで符号化
　たとえば，漢字や単語を覚えるときにも，「大文字で書かれているか，小文字で書かれているか」という文字の形に注目するより，「単語が抽象的なものをあらわしているか，具体的なものをあらわしているか」という意味に注目する方が覚えやすいのです。

③できるだけ視覚的イメージとして覚える
　ある会議の席についている人の並びを覚えるときには，名前を順番に覚えるより，写真を覚えるように視覚的イメージで覚える方が記憶に残ります。

④複数の感覚を使う
　英単語を覚えるときには，見て覚えるだけではなく，書いて，発音して，と複数の感覚を使う方が覚えやすいのです。

⑤自分なりに意味づけする
　「298383189」という9桁の意味のない数字列を覚えるのは難しいですが，「肉屋さん（2983）」「野菜焼く（83189）」と語呂合わせにすれば覚えやすく

Keyword：維持リハーサル　記憶方略

なります。さらに③の方法を加えて「肉屋さんなのに野菜を焼く」というイメージとして覚えるとさらに効果的です。

このような，覚えるべき情報に関連する情報を加えながら覚えるという記憶方略を**精緻化**と呼びます。

忘却にはネガティブなイメージがありますが，失敗やつらい記憶など，適応的に生きるには忘れることが必要な場合もあり，忘却は人間にとって欠かせない機能とも言えます。また記憶は，そのものごと単独で存在するのではなく，覚えるとき，思い出して誰かに伝えるときの，それぞれにおける状況や環境，心や体の状態が影響します。そのため記憶は，ただ忘却するだけでなく，無意識のうちに**変容**してしまいます。犯罪捜査等で目撃者の証言を得る際には，質問の仕方などに注意が必要です。

3．記憶と知識

これからの社会では主体的な「問題解決能力」が重視されていくことになります。記憶した情報を知識として蓄え，それを効果的に活用することで問題解決が可能になっていきます。

私たちは日々新しい情報を記憶し，知識として蓄えながら暮らしています。知識がどのように蓄えられているかについて，コリンズとロフタスは図4－6のように**活性化拡散モデル**を提案しました。たとえば「消防車」を想起すると，それに関連した「赤」「火」「トラック」などの概念が想起されやすくなります。この概念をつなぐ線（リンク）が短いほど関連が強いことを示します。つまり，「消防車」のように1つの概念が活性化されると，リンクを通じて「火」「赤」などの概念に次々に伝わって活性化が拡散していくと考えられています。

Keyword：精緻化　変容　活性化拡散モデル→p.246

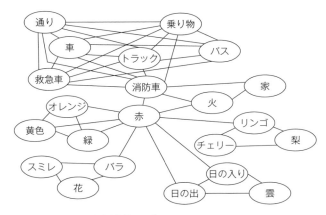

図4-6 活性化拡散モデル（Collins & Loftus, 1975より北神, 2015が作成）

Review

復習課題

1. 記憶の多重貯蔵モデルについて説明してみましょう。また，多重貯蔵モデルの根拠である系列位置効果について「初頭（性）効果」「新近（性）効果」という言葉を用いて説明してみましょう。
2. 忘却がどのように生じると考えられているか諸説あげ，忘却を防ぐことに効果的な方法をあげてみましょう。
3. 長期記憶を効果的に行うための方法をできるだけたくさん考えてみましょう。
4. 身近な物を例にあげて，活性化拡散モデルの図を作成してみましょう。

Keybook

引用・参考文献

Atkinson, R. C., & Shiffrin, R. M.（1971）The control of short-term memory. *Scientific American*, 225, 82-90.

Baddeley, A. D.（2000）The episodic buffer: A new component of working memory? *Trends in Cognitive Sciences*, 4, 417-423.

Collins, A. M., & Loftus, E. F.（1975）A spreading-activation theory of semantic processing. *Psychological Review*, 82, 407-428.

Ebbinghaus, H.（1885）*Über das Gedächtnis: Untersuchungen zur experimentellen Psychologie*. Duncker & Humblot.

行場次朗・箱田裕司編著（2000）知性と感性の心理 認知心理学入門　福村出版

箱田祐司・都築誉史・川畑秀明・萩原滋（2010）New Liberal Arts Selection　認知心理学　有斐閣

服部雅史・小島浩幸・北神慎司（2015）基礎から学ぶ認知心理学 人間の認識の不思議　有斐閣ストゥディア

厳島行雄・仲真紀子・原聰（2003）目撃証言の心理学　北大路書房

Squire, L. R., & Zola-Morgan, S.（1991）The medial temporal lobe memory system. *Science*, 253, 1380-1386.

Column 1

ワーキングメモリと脳

　ワーキングメモリ（作業記憶や作動記憶ともいいます）は，思考や認識や課題解決などのために情報を一時的に保持し，保持した情報を選択したり操作したりする過程をさします。数分という短い時間だけではありません。昨日駐車した場所ではなく今朝駐車した場所に夕方間違わずに行くこともワーキングメモリが必要です。ワーキングメモリは，外界からの情報だけではなく，脳の中にしまってある長期記憶からも必要な情報を想起して，ある作業の間しばらく記憶にとどめる役割もあります。

　多くの記憶と脳の関係は，脳を損傷した患者の研究から明らかにされてきましたが，ワーキングメモリに関してははっきりした結果が得られませんでした。近年，脳機能イメージング研究とサルを用いた脳研究から，前頭前野の背外側部がワーキングメモリに重要であることがわかってきました。情報を操作することに関係する場所と情報を保持することに関係する場所が分かれていることや，左半球の前頭前野は言語情報のワーキングメモリに重要で，右半球の前頭前野は空間情報のワーキングメモリに重要だということもわかりました。音韻の情報は頭頂葉や後頭葉に保持され，暗唱などリハーサルに関連するのはブローカ野などの言語野です。一方，視空間情報の保持には頭頂葉や下側頭葉などが関わっています。前頭前野が特に重要ですが，さまざまな脳の場所が関係しています。

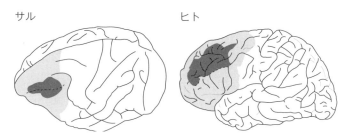

＊　サル（左）とヒト（右）の左脳を横から見た図。薄いグレーのところが前頭前野です。その中でも濃いグレーのところがワーキングメモリに重要だと考えられています。

図4-7　ワーキングメモリと前頭前野

Lesson 5

脳研究からの示唆

　教育とは脳を育むことだと考えられます。脳研究でどのようなことがわかってきて，どのようなことを教育に示唆できるでしょうか。
　Lesson 5 では，脳研究からわかってきたことをもとに，どのようなことを頭に入れてそれぞれの成長段階を考えればよいのか，脳の発達も確認しながらみていきましょう。

Prep
予習課題

1. 脳は6歳までに90％できあがるという意見があります。この意見をどう思いますか，考えてみましょう。
2. 未就学の子どもはおもちゃがほしいと人前でも泣いて駄々をこねますが，高校生や大学生は泣きません。この理由を考えてみましょう。
3. あなたは1日に何時間スマートフォンの画面をみていますか。調べてみましょう。また，その値をどう思いますか，考えてみましょう。

1．乳幼児期

　脳の発達のために乳幼児期にはどのようなことに気をつければよいでしょう。この時期には経験することの多くが初めてです。また，驚くほど多くのことを素早く吸収していく時期でもあります。この時期の脳の特徴をみてみましょう。

（1）新生児の脳

　まず簡単に脳の主な細胞である**ニューロン（神経細胞）**について説明します。ニューロンは他の体の細胞と異なり，情報のやりとりを行うという特別な役割があります。そのために特別な形をしています。多くのニューロンは，DNAがある核など細胞が生きていくうえで必要なしくみがある細胞体（これはすべての細胞にあります）に加え，他のニューロンからの情報を受け取るために細胞体から植物の根のように飛び出している**樹状突起**，細胞体から次のニューロンへと情報を運ぶ**軸索（神経線維）**，そして軸索の末端で次のニューロンの樹状突起へと情報を渡すための小さな吸盤のような**終末ボタン**があります。終末ボタンが樹状突起に密着して情報を受け渡す場所を**シナプス**と呼びます。終末ボタンが次のニューロンの細胞体にシナプスをつくることもあります。

　新生児の脳は，すでに大人と同じような形をしています。でも，まだちゃんと働く状態ではありません。いろいろな脳の場所が情報のやりとりができるように多くの神経線維でつながっています。いろいろな経験を経ることにより，実際に使われる神経線維とシナプスがしっかりと働くように残されて，使われない神経線維は取り除かれていきます。新生児の脳は可塑性に富み多

Keyword：ニューロン（神経細胞）→p.252　樹状突起　軸索（神経線維）　終末ボタン
シナプス→p.248

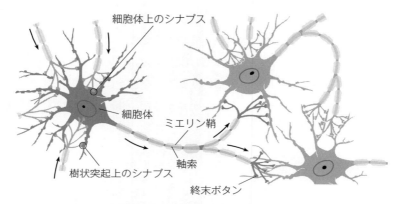

*　ニューロン（神経細胞）は，他の細胞と異なり，特別な形をしています。他のニューロンから情報を受け取るために植物の根のように張り出した樹状突起，次の細胞に情報をつたえる電線の役割をしている軸索，次の細胞の樹状突起や細胞体についている吸盤状の終末ボタンがあります。終末ボタンが樹状突起についている場所をシナプスと呼びます。

図5-1　ニューロン（カールソン神経科学テキストをもとに作成）

くの可能性をもっている一方で，この時期の環境や働きかけの影響はその後の脳の育ちに深刻な影響を及ぼすこともありうるのです。

（2）脳の感受性

①縦縞ばかり見て育ったネコは…

　発達の初期の経験に脳の働きが大きく影響されることが初めて哺乳類で証明されたのは1980年代のことです。ノーベル賞を受賞したヒューベルとビーゼル（Hubel & Wiesel, 1963）が，子ネコの片方の目を閉じたところ，後で開いてもそちらの目からの光の情報に脳が反応しなくなりました。生後1か月齢ほどで目を閉じたときに最も影響が大きく，4か月齢を過ぎると影響がなくなりました。脳には環境に対する感受性が高い時期があるのです。そ

の後，縦縞ばかり見せて育てたネコの脳は，縦縞にはよく反応するが横縞にはあまり反応しなくなることもわかりました。そのネコには横縞は必要な情報ではないからです。また，生まれてしばらくの間にいろいろな色の混ざった環境で育てないと，赤・緑・青という三原色を別々にすべて見せても，サルの色覚が正常に発達しないこともわかりました。サルの色覚にも感受性の高い時期があるのです。

②ヒトの感受性の高い時期

　実はヒトでも両方の目で物を見る能力の発達に感受性の高い時期があることがわかっています。目やまぶたの病気で乳幼児期に一時的に眼帯をつけると，そちらの目の視力が弱くなりました。影響を受けやすい時期は1歳半くらいをピークに数か月から3歳くらいまででした。ヒトでは言語学習に関する感受性も調べられています。ただ，話し言葉に関しては解釈が難しいデータが多いので，ここでは手話の学習について紹介します。聾の人が初めて手話に接する年齢は環境によってかなりばらつきがあります。アメリカ手話を学び始めた時期によって言語能力の差があるかどうかを調べた研究があります。その研究では，生まれつき聾で，（1）聾の親に育てられ生まれたときから手話に接している人，（2）4～6歳で手話に接した人，（3）12歳以降に手話に接した人の3つのグループで手話の能力を比較したところ，手話に接するのが早ければ早いほど成績がよかったのです。何歳までに学習を始めなければ手話の習得ができないという明確な限界の年齢があるわけではなく，早ければ早いほど習得が良好である，つまり感受性が高いということでした。

③盲の人も視覚野が働く

　また早い時期には脳に大きな変化が起こることを示す例がいくつかあります。バイオリンを演奏する人は，弦を押さえるために左手をよく使います。

とくに普通の人があまり使わない小指を頻繁に使います。バイオリンの練習を早期から始めた人で指の感覚に関係する脳の場所を調べると，小指に関係するところが大きく広がっていました。5歳から10歳までに始めた人では広くなっていましたが，14歳以降に始めても広くなっていませんでした。また，盲の人は点字を触って文字を読みます。先天的に盲の人は，普通は見ることに使う視覚野という脳の場所も点字を触って読むために使っているとわかりました。初めてこのことがわかったときは多くの人が驚きました。視覚野は見ることに使う場所なので，盲の人では働いていないと思っていたからです。

こうした脳の研究から，乳幼児期にとくに考えるべきことは，偏った環境ではなく，さまざまなことを経験できるような環境を与えなければならないということです。そうでなければ，たとえば縦縞にしか反応しないような偏ったことにしか反応しない脳に育ってしまうのです。脳の感受性が非常に高い

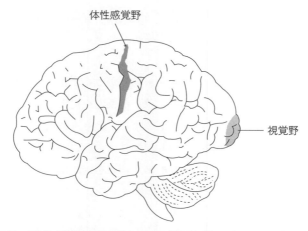

* 通常は「体性感覚野」で指で触ったときの触覚情報を分析します。先天的に盲の人が点字を読むときには，目から入ってくる視覚情報を分析する「視覚野」を使っていることがわかりました。

図5-2 盲の人が点字を読んだときの脳活動

時期なので，さまざまなことを学習し始めるには適した時期だといえるでしょう。

2. 児童期

　児童期にはどのような特徴があるのでしょう。この時期にはもちろん学校に通い始めて多くの勉強をします。脳から考えて，どのようなことが学習に大切でしょう。また，どのようなことが悪影響を与えるでしょう。

(1) 学習のしくみ

①経験によるニューロンの変化

　学習とは，経験によって脳が変化し，その結果行動が変化することです。とくにニューロン間で情報を受け渡す場所であるシナプスで起こる変化が，学習には重要です。

　およそ70年前に，経験によってニューロンがどう変化し，行動にどう変化を起こすのかについてヘッブ（Hebb, D.）が仮説を提案しました。この考え方では，情報を伝えるニューロンが活動することと，情報を受け取るニューロンが活動することが同時に繰り返し起これば，そのシナプスの働きを強くする変化が起こると考えます。実験的に，情報を伝えるニューロンの軸索を電気的に刺激して活動させ，受け取るニューロンにも活動を引き起こします。この刺激を高頻度で繰り返し行うと，終末ボタンで起こるわずかな変化が加算され，結果的にシナプスでの情報を伝える効率が非常によくなることがわかりました。効率がよくなると，同じ情報を伝えても受け取る側のニューロンにこれまでより大きな反応が引き起こされるのです。こうした効率がよく

なる変化が数日から数か月続くこともわかっています。この変化を**長期増強**と呼びます。

②学習の基本は長期増強

　長期増強が学習のもとだと考えられます。同じ電気刺激を低頻度で行っても変化は起こりません。高頻度で繰り返すことが加算効果を生み，変化を起こすのです。低頻度だと逆にシナプスでの情報を伝える効率を悪くする変化が起こることもあります。この逆の変化は忘れることに関係していると考えられています。

　児童期以降に，算数や英語などの勉強だけでなくスポーツでも繰り返し練習することが大切です。繰り返し学んだり練習したりすると，さまざまな脳の場所でシナプスでの情報の伝達効率がよくなる変化が起こると考えられます。一生のうちでシナプスが充実していくのは児童期以降です。児童期の繰り返し学習が大切であることは脳の変化から理解できます。

（2）ゲームなどの影響

①ゲーム依存症の登場

　2019年に世界保健機構が**ゲーム依存症**（gaming disorder）を新たに病気のリストに加えました。薬物依存症のように，ゲームのことばかり考え，日常生活すらまともに送れない子どもが増えているからです。乳幼児期でとくに注意することとして偏った環境を取り上げましたが，児童期以降でもゲームだけの偏った環境では脳がゲームに特化したおかしな発達をします。最近になっていろいろな国でゲームに対する対策を考え始めました。しかし，問題はゲームだけではありません。いわゆるソーシャル・ネットワーキング・サービス（SNS）も大きな問題です。

Keyword：長期増強→p.251　ゲーム依存症

②インターネットの使用状況

　スマートフォンやタブレットPCがあれば，いつでもどこでも簡単にインターネットを利用できます。電車の中で多くの人がスマートフォンに向かい無言で指を動かしています。家族で食事をしていても，それぞれがスマートフォンに向かっている光景も目にします。2017年度に実施された10歳から17歳までを対象とした内閣府の調査では，回答のあった83％（高校生の97％，中学生の85％，小学生の65％）がインターネットを利用しています。平均利用時間は，小学生が97分，中学生が149分，高校生は213分でした。小学生で1時間半，中学生だと2時間半です。これは平均なので，ずっと長い時間利用している生徒もいるのです。利用内容は，小学生は動画視聴とゲーム，中学生は動画視聴とゲームとSNS，高校生はSNSと音楽・動画視聴が多くなっています。

③ゲームやSNSと成績の関係

　2013年に仙台市と東北大学が，中学生を対象に1日のゲームやSNSの時間と成績の関係を調べました。生徒を1日の勉強時間で，よく勉強する（2時間以上），中程度に勉強する（30分から2時間），ほとんど勉強しない（30分以内）と3つのグループに分けました。

　勉強する時間が長いほど成績がよかったのですが，よく勉強するグループでも2時間以上ゲームをやるとほとんど勉強しないグループの成績と変わらない成績まで落ちました。SNSの利用時間でもこの傾向は確認されました。2時間以上SNSなどをやっていると，よく勉強するグループもほとんど勉強しないグループと変わらない成績でした。中学生のインターネットの利用平均時間が2時間半だということを考えると事態の深刻さがわかるでしょう。

　翌年に文部科学省が全国学力テストと同時に1日のスマートフォン使用時間の調査を行いました。30分未満，1時間まで，2時間まで，3時間まで，

3時間以上の5つのグループに分けて成績を比べると,使用時間が長くなれば,小学生も中学生も,国語も算数(数学)も,成績が悪くなるという結果が出ました。

5歳から18歳を対象に長時間ゲームをやることで脳と認知能力にどのような影響があるかを調べた研究があります。ゲームの時間が長いほど,脳の発達が遅れ,さらに言語能力の発達も遅れる傾向が示されました。直接因果関係が示された訳ではなく詳細はまだわかっていませんが,大きな悪影響がありそうです。

ゲームをすることで,集中力がつく,見る能力が伸びるなど発達によいという人もいます。確かにそういう側面もあるでしょう。でも,ゲームやSNSばかりやっていると脳が偏った発達をすることになるでしょう。アルコールを含めた薬物の摂取は脳の発達に悪影響をもたらします。児童期の脳を守るためには,薬物だけではなくゲームやSNSからも守らなければなりません。

3. 青年期

青年期の特徴は,体は大人並みに成長しますが,脳はまだ未熟なままだということです。このことを念頭において考えると,青年期の行動を理解しやすくなります。

(1) 脳の成熟

脳には役割が異なるいろいろな場所があります。たとえば,手足の筋肉を動かすことに関係する**運動野**があります。一方で,目に入った光の情報を分析する視覚野,耳から入った音の情報を分析する**聴覚野**,皮膚から入ってく

Keyword:運動野　聴覚野

る触覚に関係する**体性感覚野**などの**感覚野**があります。また，いろいろな情報を統合したりお互いに関係づけたりする**連合野**と呼ばれる場所もあります。

実は，脳の成熟の早さは場所によって異なり，運動野や感覚野は10代前半でかなり成熟するのですが，連合野は20歳ごろまでゆっくりと成熟していきます。青年期の一番の特徴は，感覚や運動に関係する脳は体とともに成熟しているのに，思慮深い行動を行うために必要な連合野，とくに**前頭前野**と呼ばれる計画を立てて理性的な判断を下すために重要な場所が未熟だという点です。

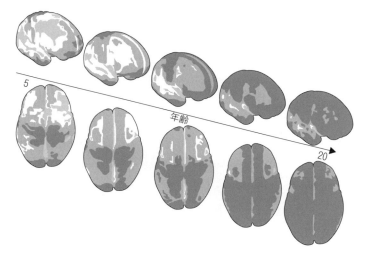

* 5歳から20歳までの変化をグレーの濃度で示しています。一番濃いグレーになっているところは成熟している脳の場所です。脳の場所によって成熟の速さが違っていて，運動野や感覚野は成熟が早いことが分かります。前頭前野などの連合野は成熟が遅く20歳くらいまでかかっています。上段は脳を右斜め上から見た図で，下段は真上から見た図（上が前になっています）です。

図5－3　大脳皮質の成熟過程（Gogtayら，2004の論文をもとに作成）

Keyword：体性感覚野　感覚野　連合野→p.254　前頭前野→p.250

（2）体の発達と脳の発達のアンバランス

　青年期には体は大きく成長していますが，驚くような危ない行動をとったりします。動画サイトには，高層ビルで逆立ちをしたり自転車に乗ったり，とんでもない速度で自動車を走らせたり，自動車の間をスケートボードで駆け抜けたりしている映像が見つかります。どうして若者は危険な行動をとるのでしょう。危険行動をとったときには，ご褒美（報酬）に関係する脳の場所が盛んに活動します。おそらく「うまくできた」ことが自分への報酬となり喜びになっているのでしょう。

　若者は，仲間から評価してもらうために危険行動をとることが知られています。インターネット上で仲間から「いいね」がもらえると，やはり報酬に関係する脳の場所が活動します。興味深いことにお金の報酬に対する脳の反応は青年期に最も強くなります。青年期は報酬に非常に敏感で，報酬のためならいろんなことをやってしまうのでしょう。格好よいところを見せようとして調子に乗りすぎて，危険行動に出てしまうのです。一方で，親の目が届くところでは危険行動に出る確率が低くなることもわかっています。

（3）仲間関係の重要性

　青年期に近づくにつれ，親から独立を始め仲間との関係が重要になります。だから，仲間に受け入れられるかどうかが大問題なのです。実際に，12歳から15歳のころは，大人に比べて「自分は仲間に受け入れられないだろう」と考える割合が高くなります。インターネット上でも仲間に排除されると社会行動に関係する脳の場所が大人とは異なる反応を示します。おそらくこの活動は，マイナスの感情を反映しています。仲間から排除されることは，青年期には大人よりもはるかに重大なことなのです。

また，青年期はしばしば感情を抑えられません。自分が仲間から受け入れられないことにより怒りを爆発させることもあります。青年期にネットいじめにあうと，後に自分がネットいじめをするようになる確率が高くなります。感情の制御に重要な前頭前野の活動が高いと，受け入れられないことによる怒りが小さいことがわかりました。しかし，前頭前野の成熟は脳の中で最も遅く，20歳を超えるころまでゆっくり成熟するので，怒りの感情が抑えられない若者が多いのです。

　感情の制御が十分にできない前頭前野がまだ未熟な青年期には，相手に対する誹謗や中傷がよりきつくなるネット環境は望ましくありません。実社会より顔が直接見えないインターネット上の方が，仲間からの排除や賞賛が極端になりやすいのです。発達途上の青年期の脳は，排除や賞賛に過敏で傷つきやすいので，ネット環境は非常に危うい環境だといえます。

　各成長段階における脳の発達の特徴がわかれば，今後はそれぞれの段階での教育における注意点などがより詳しくわかってくるでしょう。

*R*eview

復習課題

1．新生児の脳が環境に大きく影響される例をあげてみましょう。
2．児童期の繰り返し学習がなぜ効果的なのか説明してみましょう。
3．青年期の脳の特徴を説明してみましょう。
4．青年期の人が危険行動を起こす理由を脳機能の発達という視点から考え，どう対応すればよいかあなたの考えを述べてみましょう。

*K*eybook

引用・参考文献
脳科学と子育て研究会（2007）6歳までにわが子の脳を育てる90の方法　講談社
粟屋忍（1987）形態覚遮断弱視　日本眼科学会誌　91，519-544
泰羅雅登・中村克樹監訳（2013）カールソン神経科学テキスト　丸善出版社

Column 2

前頭前野の大きさ

　私たちヒト（成人男性）の脳は，およそ1500gです。脳が特に大きくなっているのが，ヒトやサルの特徴です。どの動物がどの程度の大きさの脳をもっているかを比較してみましょう。

　ハツカネズミの脳は0.4g，モルモットの脳は3.7g，ブタの脳で65gほどです。体が大きいほど大きくなります。サルの仲間では，アカゲザルで90g，ヒヒで150g，チンパンジーで300～400g，ゴリラで400～500gです。ヒトの脳が他の動物と比べて大きいことがわかります。大脳の表面を覆っている大脳皮質だけを比較すると，ハツカネズミは0.17g，アカゲザルは70g，ヒトでは1230gとなり，脳全体に占める大脳皮質の割合は，ハツカネズミで4割強なのに対して，アカゲザルで7～8割，ヒトでは8割以上にもなります。

　大脳皮質の割合は，それぞれの動物の集団の大きさと強い相関を示すことがわかっています。大きな群れでより複雑な社会をつくり，その社会でうまく暮らすためには，大脳皮質を大きく進化させる必要があったのでしょう。大脳皮質の中でも，最も高度な役割を担っているのが前頭前野です。前頭前野は，作業記憶・反応の抑制・行動の切り替え・計画・推論・実行機能・情動制御などさまざまな役割を担い，思考や創造性の源だと考えられています。ブロードマン（Brodmann, K., 1912）にもとづけば，前頭前野が大脳皮質に占める割合はヒトでは29％，チンパンジーでは17％，アカゲザルでは11％です。前頭前野の働きがヒトらしい行動に重要なのもわかりますね。

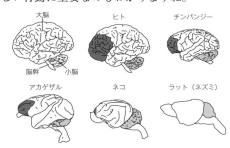

＊　ヒト・チンパンジー・サル・ネコ・ネズミの左脳を横から見た図。濃いグレーの部分が前頭前野で，薄いグレーの部分が小脳です。ヒトでは前頭前野がとくに大きく発達しています。ネズミにはないと考えられています。

図5-4　いろいろな動物の脳の前頭前野

Lesson 6

学習のしくみ

　みなさんは「学習」という言葉を聞いて何を連想しますか？ 小学校に入学したときに買ってもらった学習机や学習ノートですか？　おそらく学校や塾などで系統的に習い学ぶ勉強をイメージする人が多いでしょう。実は心理学で扱う学習はもっと広義なものなのです。

　Lesson 6 では，心理学における学習について，いくつかの理論を説明しながら，そのしくみについて考えます。

P_{rep}

予習課題

1．私たちの身の回りで日々起きている学習をあげてみましょう。
2．行動には，どのような種類があるでしょうか？　行動をできるだけあげて，それらを分類してみましょう。
3．ペットのイヌに「3 回まわってワン」という行動をさせたいとき，どのような手続きが考えられますか？

1. 学習とは

　一般的に，心理学でいう学習は「経験によって生じる比較的永続的な行動の変化」と定義されます。経験によって，それまでの行動が変化し，しかもその行動が持続する場合，それらはすべて学習と呼びます。

　では行動とは何でしょう。本を読む。走る。汗をかく。ドキドキする。思い出す。想像する……本を読んだり，走ったりといった行動は，あなた自身がやろうと思ってできる行動ですね。それに対して，汗をかいたりドキドキしたりといった行動は，自分でやろうと思ってもなかなかできない行動です。また，目に見える行動に対して，思い出したり想像したりといった目には見えない行動に分けることもできます。ここでは，行動を自分でやろうと思ってできる行動と自分でやろうと思ってもできない行動に大別して考えます。

　自分でやろうと思ってもできない行動，何らかの刺激によって引き起こされる生得的な行動を**レスポンデント行動**といいます。これに対して，何の刺激もなく，自発的に起こす行動を**オペラント行動**といいます。

　ところで，冒頭で学習とは行動が変化することだと述べましたが，この行動の変化の仕方は，行動の種類によって異なります。行動が変化するしくみを条件づけといい，レスポンデント行動の場合は**古典的（レスポンデント）条件づけ**，オペラント行動の場合は**オペラント（道具的）条件づけ**と呼びます。それぞれ詳しく見ていきましょう。

Keyword：レスポンデント行動　オペラント行動　古典的（レスポンデント）条件づけ
　　　　　オペラント（道具的）条件づけ

2．古典的条件づけ

（1）古典的条件づけとは

　私たちは，食べ物を口に入れると唾液が出るし，急に大きな音がすると心臓がドキドキします。このように何らかの刺激に対して生得的に反応します。これらの反応は，無条件に生じるものなので，**無条件反応（反射）**と呼びます。そして無条件反応を引き出す食べ物や大きな音は**無条件刺激**といいます。ところで，ショーケースに並んだおいしそうなケーキを見ただけで唾液が出たり，大きく膨らんで今にも割れそうな風船を見ただけで心臓がドキドキしたりする経験をしたことはありませんか？　実際にケーキを食べたわけでも風船が割れたわけでもないのに，唾液が出たり，ドキドキしたりするのはなぜでしょう。これはおいしそうなケーキを味わった経験や，膨らんだ風船が割れて大きな音に驚いた経験があるからなのです。おいしそうなケーキや膨らんだ風船は，本来唾液を出したり心臓をドキドキさせたりする刺激ではないのですが，ケーキを口に入れることや，風船が割れる大きな音と同時に示された経験を通して，同様の反応を示すように行動が変化したのです。このように獲得された反応の変化を**古典的条件づけ**と呼びます。

（2）パブロフの発見

　このしくみを明らかにしたのはロシアの生理学者である**パブロフ**（Pavlov, I.P., 1927）です。彼はもともとイヌを対象に食物の消化に関する研究をしていました（図6－1）。イヌに餌を与えたときの唾液分泌量を測定するといった実験を行っていた際，イヌが餌を食べる前から唾液を出すことに気づいた

Keyword：無条件反応（反射）　無条件刺激　古典的条件づけ　パブロフ→p.243

のです。そこで，イヌがなぜ食べる前に唾液を出すのか，イヌが何に反応して唾液を出しているのかを調べるために，メトロノームの音を鳴らしてから

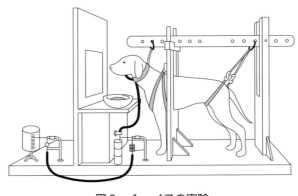

図6-1　イヌの実験

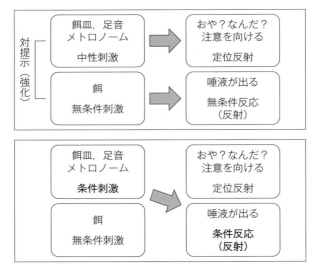

図6-2　古典的条件づけのしくみ

餌を与えるといったことを繰り返しました。すると，メトロノームの音を鳴らすだけでイヌは唾液を出すことが明らかになりました。餌を食べたら唾液が出るという反応は，イヌが生得的にもっている反応（無条件反応）で，その反応を引き出す餌は無条件刺激です。このとき，餌と同時に提示（**対提示**）したことで唾液を出させるようになったメトロノームの音は**条件刺激**，その音によって引き起こされた唾液分泌は**条件反応（反射）** と呼びます（図6－2）。

　このように無条件刺激である餌と条件刺激となるメトロノームの音が対提示されることで，もともと関係のなかった条件刺激（メトロノームの音）によって条件反応（唾液分泌）が生じるようになったのです。古典的条件づけでの**強化**とは，無条件刺激と条件刺激を対提示することで条件反応の生起を高めることです。このとき，条件刺激と無条件刺激が時間的に接近して提示されるほど，条件づけは速やかに起こります。これを**接近の法則**といいます。また，メトロノームの音のリズムを変化させても唾液は分泌します。このように，条件刺激に似た刺激でも同じように条件反応が生じることを**刺激般化**といいます。

　では，無条件刺激と条件刺激の対提示をやめて条件刺激のみ，つまりメトロノームの音だけを聞かせ続けるとどうなるでしょう。イヌはやがて唾液を出さなくなり，メトロノームの音に何ら反応を示さなくなります。このように無条件刺激と条件刺激の関係がなくなり，条件反応が生起しなくなることを**消去**といいます。

（3）恐怖条件づけ

　もう1つ古典的条件づけで有名な実験を紹介しましょう。アメリカの心理学者である**ワトソン**（Watson, J.B., & Rayner, 1920）が行った**アルバート坊**

Keyword：対提示　条件刺激　条件反応(反射)　強化　接近の法則　刺激般化　消去
　　　　　　ワトソン→p.244　アルバート坊やの実験

やの実験です。彼は白いネズミを怖がらない生後9か月のアルバート坊やを対象に，恐怖条件づけの実験を行いました。アルバート坊やが白ネズミと遊んでいるとき，ネズミに触れようとすると同時に鉄パイプを叩いて大きな音を立てたのです。この手続きを数回繰り返した結果，アルバート坊やはネズミを見るだけで泣いて怖がるようになりました。白いネズミと大きな音が対提示されることで白いネズミが条件刺激となり，アルバート坊やに恐怖反応という条件反応を引き起こしたのです（図6－3）。アルバート坊やは白いネズミに似たウサギや白いふわふわしたものに対してまで恐怖反応を示すようになりました（刺激般化）。

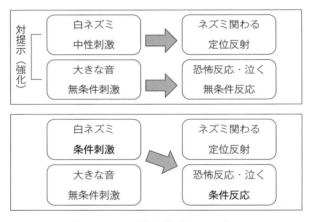

図6－3　恐怖条件づけのしくみ

（4）古典的条件づけによる行動療法

　古典的条件づけの原理を利用した治療法として，たとえば暴露療法や系統的脱感作法，嫌悪療法などがあります。

暴露療法とは，広場恐怖症やパニック障害，強迫性障害など不安障害に用いられる行動療法の1つです。恐怖や不安を抱いている場面に，危険をともなわない範囲で直面させることによって不安や苦痛を克服する療法です。また，**系統的脱感作法**とは，恐怖や不安を抱く場面を不安度の低い順からイメージし，不安や緊張を感じたらリラックスすることで徐々に克服する方法です。いずれにしてもこれらの治療法は不安や恐怖を感じる場面（条件刺激）に対して，条件反応が生じないように消去していく過程のことです。

　嫌悪療法は，アルコール依存症やタバコ依存症などを治療する際に用いられる方法です。たとえばアルコールを飲むときに抗酒剤を同時に服用させて吐き気や頭痛がともなうようにします。抗酒剤という無条件刺激とアルコールを対提示することで，アルコール（条件刺激）に対して嘔吐するといった条件反応を引き起こすようにするのです。アルコールに対する古典的条件づけが形成されることで飲酒は抑制されるようになります（木村，2013）。

3．オペラント条件づけ

（1）オペラント条件づけとは

　あなたが廊下で先生に挨拶をして，もし先生が笑顔で応えてくれたら，おそらく次の日も進んで挨拶するようになるでしょう。それに対して，もし先生に睨まれたらどうでしょう。次の日，先生に会っても目をそらして知らん顔するかもしれません。挨拶するという自発的行動（**オペラント行動**）は，その直後の結果によって増えたり減ったりするのです。

　このしくみを明らかにしたのは**スキナー**（Skinner, 1974）です。彼はネズミを対象に，レバーを押したら餌や水が出るしくみになっている**スキナー箱**

Keyword：暴露療法　系統的脱感作法　嫌悪療法　オペラント行動　スキナー→p.244
　　　　　スキナー箱

を用いて，**オペラント条件づけ**について体系的な研究を行いました（図6-4）。スキナー箱に入れられた空腹なネズミは，外に出ようとして壁をひっかいたり，立ち上がったりと，とにかく動き回ります。すると偶然，身体がレバーに触れ，それと同時にホロホロという音が鳴り餌が出てきます。偶然レバーを押すと餌がもらえるという経験を何度か繰り返すうちに，ネズミはレバーを押したら餌がもらえるという関係（**随伴性**）を学習し，レバー押し反応だけを繰り返すようになります。このときレバー押し反応（オペラント行動）の**報酬**となっている餌は**強化子**と呼ばれ，これによってオペラント行動は強化されているのです。オペラント条件づけが**道具的条件づけ**と呼ばれるのは，空腹という欲求を低減あるいは解消するために必要な道具（手段）となる反応を学習するからです。

ちなみにレバー押し反応を学習したネズミにレバー押しの後に電気ショックを与えるようにすると，次第にレバーを押さなくなります。これはオペラント行動が電気ショックという**嫌悪刺激（罰）**によって抑制されるからです。

図6-4　スキナー箱

Keyword：オペラント条件づけ　随伴性　報酬　強化子　道具的条件づけ　嫌悪刺激（罰）

（2）体罰が有効ではない根拠

このようにオペラント条件づけにおける強化は，オペラント行動に対して報酬や罰を与えることであるのに対して，古典的条件づけの強化は，無条件刺激と条件刺激を対提示することなので区別する必要があります。また，古典的条件づけは刺激が与えられることで成立した学習なのに対して，オペラント条件づけは，環境に対して自発的に行動することで初めて成立する学習です。つまり，ネズミがスキナー箱の中で何もせずにじっとしていたら学習は成立しません。

オペラント条件づけの消去についても触れておきましょう。古典的条件づけの消去は，条件刺激であるメトロノームの音だけを提示し続けて餌を与えないことでした。それに対して，レバー押し反応を獲得したネズミに，レバーをどれだけ押しても餌を与えないのがオペラント条件づけの消去です。つまり，オペラント行動に対して何ら強化子を与えないのです。レバーを押しても報酬が与えられないと，ネズミのレバー押し反応はやがて生じなくなります。

先に述べたように，レバー押し反応は電気ショックのような罰が与えられても生じなくなりますが，両者は随伴性の点で全く違います。消去はオペラント行動と強化子の間に随伴性がないためにレバー押し反応が生じなくなるのに対して，罰の場合は，レバーを押すと電気ショックが与えられるという随伴性を学習しているためにレバーを押さなくなるのです。つまり，電気ショックが与えられなくなると再びレバーを押し始める可能性があります（**復帰**）。

実はスキナーは，この現象をとらえて，**体罰**など罰によって望ましくない行動を抑えることは決して有効ではないと述べています。ネガティブな情緒反応を引き起こしたり，罰を与えなくなると再び望ましくない行動が生じたりする可能性があるからです（Skinner, 1990）。

Keyword：オペラント条件づけの消去　復帰　体罰

(3) 応用行動分析学と行動療法

オペラント条件づけの原理にもとづくと、ある自発的行動に対して報酬や罰が与えられたり、あるいは取り除かれることで、その行動は増えたり減ったりします。行動を個人と環境との相互作用としてとらえたスキナーは、行動の原因は環境の変化にあると考え、行動の基礎的法則を明らかにしてきました。**応用行動分析学**とは、社会的に重要な問題行動を改善するために行動の基礎的法則を活用する実践的学問です。教育や医療、発達カウンセリングやスポーツコーチング、あるいは企業や行政などさまざまな分野において活用されています。

オペラント行動と、その直後に起こる環境の変化との関係は、**行動随伴性**と呼ばれ、大きく分けて4つのパターンがあります（表6-1）。

表6-1　オペラント条件づけにおける行動随伴性

	出現・増加	消失・減少
望ましい刺激 （好子）	好子出現による強化 （正の強化）↑	好子消失による弱化 （負の罰）↓
望ましくない刺激 （嫌子）	嫌子出現による弱化 （正の罰）↓	嫌子消失による強化 （負の強化）↑

最初にあげた、廊下で先生に挨拶したら笑顔で応えてくれたといった例は、**好子出現による強化（正の強化）**です。報酬など望ましい刺激（好子：この場合、笑顔で応えてくれた）を与えることで直前のオペラント行動（この場合、先生に挨拶する行動）は増えます。

望ましくない刺激（嫌子）が取り除かれるときも、直前の行動は増えます。たとえば頭が痛いとき痛み止めを飲むといった行動はこれにあたります。これは**嫌子消失による強化（負の強化）**と呼ばれる行動随伴性です。

Keyword：応用行動分析学　行動随伴性→p.247　好子出現による強化（正の強化）　嫌子消失による強化（負の強化）

これに対して挨拶したら先生に睨まれたといった例は，**嫌子出現による弱化（正の罰）**です。望ましくない刺激（嫌子：この場合，先生に睨まれた）が与えられることによって直前のオペラント行動（この場合，先生に挨拶する行動）が減ってしまうのです。
　望ましい刺激が取り上げられることでもオペラント行動は減ります。これは**好子消失による弱化（負の罰）**と呼ばれ，夜遅くまで遊んで門限を破ったので，お小遣いが減らされるといった例があげられます。

　これらの行動随伴性にもとづいて，とくに教育現場などでは，子どもたちのより望ましい行動を賞賛などの好子によって増やしていくことが求められます。私たちはどうしても問題行動に目が行きがちですし，つい手っ取り早く罰などの嫌子を用いてしまうことがよくあります。嫌子によって行動を抑えるのは即効性があるからです。先にも述べたように，罰によって行動を減らすことは有効ではないことを心に留めておきましょう。そして，ともすると見落とされがちな適切な行動に，できるだけ目を向けて，その行動を好子によって強化することが大切です。
　応用行動分析を用いた行動療法は，主に自閉症などの発達障害をもつ子どもを対象に米国ではかねてより幅広く取り入れられてきました（p.212のコラム⑩を参照）。とくに軽度または中度の自閉症児の社会的自立には，応用行動分析による**早期療育**が有効であることが明らかにされています。自閉症児には難しいとされるアイコンタクトを増やしたり，かんしゃくを起こす頻度を減らしたり，発語を増やしたりといったことが早期療育によって可能になる場合があります。

Keyword：嫌子出現による弱化（正の罰）　好子消失による弱化（負の罰）　早期療育

（4）スモールステップの原理

　私たちが日常行っている顔を洗う，出かける準備をする，電車に乗るといった行動は，実はとても複雑でいくつもの小さい行動がつながったものです。たとえば初めて小学校に通う一年生の子どもに「学校に行く準備をしなさい」と言っても簡単にはできないでしょう。まずは翌日の時間割りを確認する，必要な教科書とノートを取り出す，筆箱や下敷き，その他必要な持ち物をすべてそろえてランドセルの中に入れる，というように一連の複雑な行動をスモールステップに分けると学習しやすくなります。いきなり最終的な目標に到達しようとするのではなく，小さい目標を1つずつ達成して最終的な目標に達することを**スモールステップの原理**といいます。

　みなさんの中には水族館のショーなどで，イルカが空中に飛び上がりリングをくぐった後に一回転して水中に潜るといった非常に難しい芸をやってのけるのを見たことがある人もいると思います。実はあの高度な行動もスモールステップの原理にもとづいています。いきなりあのような行動をするのは不可能なので，スモールステップに分けて，段階的に強化し最終的な目標行動を学習させていくのです。これを**シェイピング**といい，まだ獲得していない行動を形成していくときに有効です。

　また，学習指導の方法の1つとして有名な**プログラム学習**も，このスモールステップの原理にもとづいています。まず学習すべき内容を基礎的で簡単な教材から，高次で複雑な教材に至るまで細分化して段階的に配置します。学習者はそれらの教材を能動的に解答し，それに対して**即時フィードバック**がなされるしくみになっています。学習者は自分の解答の正否を直後に知ることができ，もし間違っている場合は訂正・理解したうえで，次の段階に進みます。これらを繰り返しながら，学習者は各自のペースで段階的に学習を進めて最終目標に到達します。**ティーチングマシン**とは，このプログラム学

Keyword：スモールステップの原理　シェイピング　プログラム学習　即時フィードバック→p.250　ティーチングマシン

習ができる機械装置のことであり，近年ではコンピュータの普及により**CAI**（Computer-assisted Instruction）として教育現場でも広く取り入れられています。

4．その他の学習理論

（1）試行錯誤学習

　試行錯誤学習とは，正反応と誤反応を繰り返すことで問題解決に至る学習のことで，オペラント条件づけのもととなった理論です。**ソーンダイク**（Thorndike, 1911）は，紐を引くと扉が開くしかけになっている**問題箱**を使って，この概念を説明しました。問題箱に空腹なネコを入れて，外にエサを置くと，ネコは何とかして外に出ようとします。柵から手を伸ばしたり，床を引っかいたり，柵をかんだりといった試行（誤反応）を繰り返すうちに，たまたま紐に引っかかり扉が開いてエサを食べるという正反応を経験します。これらを繰り返すうちに，誤反応は減り，紐を引くという正反応だけが残るようになります。このように，ある刺激状況（S）のもとで，問題を解決する反応（R）を行い，それが満足や快をともなう場合，刺激と反応の結合は強くなります。これを**効果の法則**と呼び，満足や快をともなう行動は起こりやすくなり，問題解決にかかる時間も短くなっていきます。この試行錯誤学習とスキナーのオペラント条件づけは似ていますが，ソーンダイクがS―R連合による「行動の予測」に焦点をあてたのに対し，スキナーは環境と行動の随伴性による「行動の統制」に焦点をあてたところが違います（今田ら，2016）。

Keyword：CAI　試行錯誤学習　ソーンダイク　問題箱　効果の法則

(2) 洞察学習

　試行錯誤学習の対極にあるのが**洞察学習**です。学習者が能動的にあれこれ試行を繰り返して，反応が強化されながら問題が解決される試行錯誤学習と違い，洞察学習はいきなり問題解決に至るのが特徴です。**ケーラー**（Köhler, W.）はチンパンジーを対象に類人猿の知恵試験を行いました。天井の高いところに吊るされたバナナを取ろうとしてジャンプするのですが手が届きません。するとチンパンジーは，しばらく周囲を見回した後，突然ひらめいたように床においてあった木箱を積み上げて，バナナを手に取ることを成功させました。ケーラーは，この行動を洞察の結果だと考え，チンパンジーは問題を解決するために見通しを立てることができたのだと考えました。

図6-5　類人猿の知恵実験
（Köhler，1921）

(3) 観察学習

　新しい行動を身につけるとき，古典的条件づけやオペラント条件づけなどで学習者が1から学習していたら莫大な時間と労力がかかります。これは学習者が自ら行動して学習することを直接経験と呼びますが，自分で行動せずに新しい行動を身につけることもできます。子どもは良くも悪くも他者の行動のまねをします。子どもに限らず，大人も初めて何かをするとき，周りの人がするのをよく観察してまねをします。このように，他者の経験を見聞き

Keyword：洞察学習　ケーラー→p.243

することによって新しい行動を身につけることを**観察学習**もしくは**モデリング**といいます。**バンデューラ**（Bandura, A.）が**社会的学習理論**として提唱した学習のタイプです。

　幼児期に暴力的なテレビ番組が好きだった子どもは，青年期になったとき，より攻撃的になるといった実験報告もあるように，学習は他者が何かするのを観察するだけでも成立するのです。バンデューラら（Bandura, A. et al., 1963）は攻撃行動の観察学習実験を行い，他者がほめられたり叱られたりするのを観察することでも学習が促進することを示しました。成人女性がビニールの人形を叩いたり蹴飛ばしたりするのを男女の保育園児が5分間観察します。その後，その女性がほめられている場面を観察する群（報酬条件），罰を受ける場面を観察する群（罰条件），そして何も観察しなかった群（評価なし群）に分けられ，子どもたちは，同じ人形がある別室に移動し10分間の自由行動をします。子どもたちの自由行動を観察した結果，報酬条件では人形に対する攻撃行動が増加したのに対して，罰条件では減少しました。このように自分自身が**直接強化**を受けなくても，他者が間接的に強化を受けている（**代理強化**）のを観察するだけでも行動は変化したのです。また興味深いことに，何も観察をしなかった評価なし群でも攻撃行動は増加しました。つまり代理強化がない場合でも，観察するだけで模倣されることがわかりました。よく兄弟の下の子は要領がよいといわれますが，お兄ちゃんやお姉ちゃんが親に叱られたり，ほめられたりしているのを，しっかりと観察しているのでしょう。

Keyword：観察学習　モデリング　バンデューラ→p.242　社会的学習理論→p.248　直接強化　代理強化

*R*eview

復習課題

1．ケーキを見ただけで唾液が出たり，膨らんだ風船を見ただけでドキドキするといった古典的条件づけのしくみを図式にあらわしてみましょう。
2．なぜ体罰は望ましくないのでしょうか。オペラント条件づけのしくみに触れて説明しましょう。
3．教育現場で，児童・生徒の適切な行動を増やすために注意しなければならない点をあげてみましょう。

*K*eybook

引用・参考文献

Bandura, A., Ross, D., & Ross, S. A.（1963） Imitation of film-mediate aggressive models. *Journal of Abnormal and Social Psychology, 63.* 3-11.

今田寛・宮田洋・賀集寛（2016）心理学の基礎．培風館

木村充（2013）アルコール依存症の薬物治療：抗酒薬とアカンプロサートを中心に．MD：明日を創る医療総合誌．10（11）．14-16.

Köhler. W.（1921）*Intelli-genzpru ̈fungen an Menschenaffen. 2nd ed.* Berlin : Springer.（ケーラーW. 宮孝一（訳）（1962）．類人猿の智慧試験．岩波書店）

Pavlov, I. P.（1927）*Conditional reflexes.* Oxford: Oxford university Press.

Skinner, B. F.（1974）*About Behaviorism.* New York; Knopf.

Skinner, B. F.（1990）罰なき社会（佐藤方哉訳），行動分析学研究．5．87-106.

杉本任士（2016）相互依存型集団随伴性にトークンエコノミーシステムを組み合わせた介入による給食準備時間の短縮―小学校1年生を対象とした学級規模介入―．行動分析学研究．31（1）：48-54.

杉山尚子（1998）行動分析学入門：ヒトの行動の思いがけない理由．集英社新書．

Thorndike, E. L.（1911）*Animal intelligence.* New York: Macmillan.

Watson, J. B. & Rayner, R.（1920）Conditioned emotional reactions. *Journal of Experimental Psychology, 3*（1）．1-14.

山本純一・池田聡子（2005）応用行動分析で特別支援教育が変わる．図書文化社．

Column 3

応用行動分析にもとづく通常学級への支援

　近年，自閉症スペクトラム障害やADHDといった発達障害のある子どもに限らず，さまざまな児童・生徒が在籍する通常学級において，担任教師は彼ら1人ひとりの多様な教育的ニーズへの対応が求められています。ここでは，教育現場で実践されている応用行動分析学にもとづいた通常学級への集団的支援について紹介します。

　杉本（2016）は，小学校1年生の通常学級に在籍する児童26名を対象に，相互依存型集団随伴性にトークンエコノミーシステムを組み合わせた学級規模介入を行いました。給食準備に要する目標時間を掲示し，その時間を下回って準備できたら給食マーク（トークン強化子）がもらえました。給食マークが5つ溜まった時点で，各児童が希望するシール（バックアップ強化子）と交換できるという介入をおこなった結果，給食準備行動のパフォーマンスが向上し，準備時間が短縮されました（図6-6）。

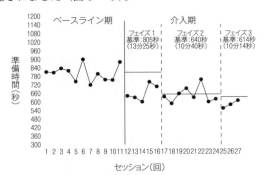

図6-6　給食準備時間の推移（杉本，2016）

　相互依存型集団随伴性とは，集団のメンバー全員の遂行に応じて，メンバー全員に強化が与えられることです（小島，2000；Litow and Pumroy, 1975）。集団随伴性の利点として，少数の指導者が複数の子どもの行動を指導する環境に適用しやすいことや（Litow and Pumroy, 1975），集団内の肯定的な相互交渉が促進され，援助や協力といった向社会的行動が副次的に出現する（Greenwood and Hops, 1981）ことが挙げられます。

　またトークンエコノミーシステムとは，あらかじめ決めておいた望ましい行動を遂行した場合にトークン強化子（ポイントやシールなど）が与えられ，一定量が溜まったら，バックアップ強化子（あらかじめ決めておいた欲しいものや活動したいことなど）と交換できるシステムのことです。このシステムを用いることで，子どもたちは楽しみながら望ましい行動を増やすことができ，結果として達成感を味わい自己肯定感が高まると言われています（山本，2005）。

Lesson 7

動機づけ ―やる気が起きるしくみ

　得意な科目の勉強は，すぐに始められますが，あまり得意ではない科目の勉強はなかなかやる気が起きません。あるいは，疲れていて何もやる気がしないときでも，ゲームには熱中できる人もいます。なぜ，やる気が起きたり起きなかったりするのでしょうか。
　Lesson 7 では，こうしたやる気が起きるしくみについて学びます。

*P*rep

予習課題

1. 人の欲求にはどのようなものがあるでしょうか。考えられるものをあげてみましょう。
2. 自分は何のために勉強しているのでしょうか。また自分の考えた勉強する理由の他に，勉強する理由にはどのようなものがあるでしょうか。考えてみましょう。
3. 多くの学生が勉強にやる気が出ないと言うのはなぜでしょうか。そしてやる気を高めるにはどうしたらよいでしょうか。自分が教師だったらどう援助するのか考えてみましょう。

1．やる気とは何か

（1）動機づけとは

　人はなぜ勉強したり遊んだりといった行動を取るのでしょうか。人が何らかの行動を取る理由を考えるときに，一般的には「やる気」や「意欲」,「モチベーション」といった言葉が使われます。心理学では，行動が生じる理由やプロセスについて，**動機づけ**という概念で研究されています。動機づけとは,「生体に行動を生起させ，その行動を目標に方向づけ，維持する過程」と定義されています。

　この動機づけの定義について，例を用いて見てみましょう。たとえば，お昼休みの時間に「お腹が空いたから何か食べたいなぁ」と思い（**欲求**），何を食べようか考え始めます（行動の生起）。横から声をかけられて会話しているあいだも，何を食べるのかを考え続け（行動の維持），そして，カレーを食べようと決め，学生食堂に向かいました（行動の方向づけ）。こうした一連の過程が動機づけと呼ばれるものです。

（2）動因と誘因

　このような動機づけが生じる要因として，大きく分けると，動因と誘因の2つがあげられます。**動因**は個人の内部から人を行動に駆り立てる要因であり，欲求として経験されます。欲求は，大きく2つにわけることができます。1つは**基本的欲求**という生まれつき備えている欲求です。餓えや渇き，睡眠，呼吸など生命の維持のために必要な生理的欲求などが含まれます。もう1つは**派生的（社会的）欲求**という，生まれてから学習していく中で生じていく

Keyword：動機づけ　欲求　動因→p.251　基本的欲求→p.246　派生的（社会的）欲求
　　　　→p.252

欲求です。仲間がほしい，他者から賞賛されたいなど基本的欲求以外のさまざまな欲求が含まれます。一方，**誘因**は環境側から人を行動に引きつける要因であり，行動の具体的な目標を立てる際に影響します。

また，動因と誘因は相互に影響しあっています。何かを食べようとするときに，お腹が空いたから食べたいと思うのは動因によるものですし，おいしそうな食べ物に魅かれるのは誘因によるものです。お腹が空いていると食べ物がよりおいしそうに見えたり，おいしそうな食べ物を見ると余計にお腹が空いたりすることからも，動因と誘因が相互に影響しあっていることがわかります。空腹（動因）によって何かを食べたいと思うこともありますし，おいしそうな食べ物（誘因）に魅かれて，それを食べたいと思うこともあるということです。

（3）さまざまな欲求

マズロー（Maslow, A. H.）は欲求を低次から高次までの階層的にとらえることができると考えました。そして欲求は低次のものから発生し，その欲求が満たされると，より高次の欲求が生じると指摘しました。このモデルを**欲求階層説**といいます。

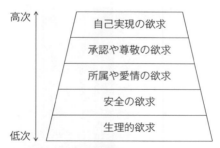

図7-1　マズローの欲求階層説（Maslow, 1970より作図）

Keyword：誘因→p.254　マズロー→p.243　欲求階層説

最も低次の欲求は**生理的欲求**です。これは，食欲や睡眠欲などの生命を維持するために必要な欲求です。その欲求が満たされると，次に**安全の欲求**が生じます。安全の欲求は，危険から身を守り，安心して生きたいという欲求です。このような生きるうえでの欲求が満たされると，次に社会的な欲求として，仲間集団を得たり，人から好かれたりしたいという**所属や愛情の欲求**が生じます。この欲求も満たされると，さらに集団の中で認められたい，尊敬されたいという**承認や尊敬の欲求**が生じます。ここまでの欲求がすべて満たされると，最終的には自分の可能性を最大限に発揮したいという**自己実現の欲求**が生じます。自分の可能性を発揮しきるということは起こり得ないので，自己実現の欲求が完全に満たされるということはありません。

なお，生理的欲求から承認や尊敬の欲求までは，自分に欠けているものを満たそうとする欲求なので**欠乏欲求**と呼ばれます。これに対して，自己実現の欲求は自分の可能性をできるだけ広げたいという欲求なので**成長欲求**とも呼ばれます。

2．やる気の質を考える

（1）外発的動機づけと内発的動機づけ

たとえば，教育心理学の勉強をするにしても，人によってなぜ勉強するのかという理由が異なります。勉強しないと怒られるから仕方なく勉強している人もいれば，勉強している内容がおもしろかったり興味深かったりして勉強している人もいるでしょう。心理学では，このようなある行動とその行動を取る目的との関係性に着目して，動機づけを外発的動機づけと内発的動機づけに分けて考えます。

Keyword：生理的欲求　安全の欲求　所属や愛情の欲求　承認や尊敬の欲求　自己実現の欲求　欠乏欲求　成長欲求

外発的動機づけとは行動が何らかの目的を達成するための手段となっているときの動機づけであり，**内発的動機づけ**とは行動そのものが目的と一致しているときの動機づけです。先ほどの例のように，怒られたくなくて勉強している場合は外発的動機づけによって勉強している，おもしろくて勉強している場合は内発的動機づけによって勉強していると言えます。

　ある行動がどちらの動機づけによって生じているのかによって，その行動自体の特徴が異なってきます。外発的動機づけの場合，行動自体とは関係のない目的を達成するために行動していますので，目的が失われたら行動しなくなります。たとえば，怒られたくなくて勉強をしていた人は，勉強しなくても怒られなくなったり，怒られても気にしなくなったりすると，勉強をしようとは思わなくなるかもしれません。一方，内発的動機づけの場合には，行動と目的が一致していますので，目的が失われることなく行動を取り続けると考えられます。教育現場では，内発的動機づけを高め，**知的好奇心**を育むことが大切だと言えます。

（２）アンダーマイニング効果

　「ごほうび」という外的報酬によって，もともと内発的動機づけにより行動していたものが，外発的動機づけによる行動にすり替わってしまう場合があります。これを**アンダーマイニング効果**といい，この現象には注意が必要です。

　レッパー（Lepper, M. R.）らは幼稚園児のお絵描き活動について，次のような実験を行いました。絵を描けばごほうびをあげると事前に約束をされる条件，とくに事前に約束はないが絵を描いた後にごほうびがもらえる条件，単に絵を描くだけでごほうびは貰えない条件の３条件のいずれかの条件のもとで，幼稚園児がお絵描き活動を行いました。その後の自由活動時間におい

Keyword：外発的動機づけ　内発的動機づけ　知的好奇心　アンダーマイニング効果

て自発的に絵を描く時間を測定してみると，ごほうびを事前に約束された条件の幼稚園児だけが，他の条件の幼稚園児よりも絵を描く時間が短くなりました。

つまり，もともとはお絵描きが好きで内発的動機づけによってお絵描き行動をしていた幼稚園児ですが，事前にごほうびを約束されたことによって，お絵描き行動が，ごほうびを得るための手段として機能し，外発的動機づけによってお絵描き行動をするようになってしまったのです。その結果，ごほうびがもらえない場面では，自分からお絵描きをすることが減ってしまったというわけです。

しかし，外的報酬がすべてアンダーマイニング効果を引き起こすわけではありません。たとえば，外的報酬が言語賞賛などの場合は，むしろ内発的動機づけを高めることも明らかにされており，これは**エンハンシング効果**といわれています（Deci, 1971）。

（3）機能的自律性

アンダーマイニング効果のような，内発的動機づけが外発的動機づけへと変容する現象がある一方で，その逆の現象として機能的自律性というものもあります。**機能的自律性**とは，ある欲求を達成するための手段として行動していたものが，次第に自律的なものへと変化し，その行動自体が欲求の対象となる現象です。

たとえば，お金を稼ぐ手段としてアルバイトを始めてみたことが，アルバイトを続けていくうちに，だんだんその仕事をすること自体が楽しくなってきて，より仕事の質を上げようと工夫するようになることが機能的自律性です。学習においても，必修で仕方なく履修した授業について，授業の内容を理解していくうちにだんだんと興味をもって，すすんで授業を受けるように

Keyword：エンハンシング効果　機能的自律性→p.246

なるといったようなことが起こることもあります。

3．学習意欲に影響するさまざまな要因

(1) 原因帰属

あなたは，テストで悪い点を取ってしまったときに，なぜ悪い点を取ってしまったと考えますか。ある出来事に対して，その原因を何かに求めることを**原因帰属**といい，どのように原因帰属をするのかによって動機づけに影響することが指摘されています。

ワイナー（Weiner, B.）は原因帰属理論を提唱し，原因帰属の仕方を次の3つの次元に整理しました（表7－1）。

・**内的―外的次元**（自分が原因か自分以外が原因か）
・**安定―不安定次元**（次に同じような状況におかれたときにも同じような状況であるか違う状況であるか）
・**統制可能―統制不可能次元**（コントロール可能な原因か不可能な原因か）

そのうえで，成功や失敗に対してどのような原因帰属をするのかで，その後の期待や達成感情に影響すると指摘しました。

たとえば，テストの点数が悪いことについて，自分の頭の悪さ，すなわち能力に原因帰属をしてしまうと，次回のテストで急に能力が向上することも考えにくいですし，能力は簡単に変えることができないと見なされやすいので，学習意欲が低下することが考えられます。一方で，テストの点数が悪かったのは，今回はあまり勉強しなかった，すなわち一時的な努力不足に原因帰属をした場合には，次はもっと努力してよい点を取ろうという気持ちになれるので学習意欲は高まりやすくなるでしょう。

Keyword：原因帰属→p.247

表7-1　成功・失敗の認知された原因と原因帰属の次元
（Weiner, 1979より作図）

	統制可能		統制不可能	
	安定	不安定	安定	不安定
内的	不断の努力	一時的な努力	能力	気分
外的	教師の偏見	他者の日常的でない努力	課題の困難度	運

（2）達成目標

　人には，スポーツで活躍したりテストでよい点を取りたい，あるいはそれによって他者から認められたり自分自身を誇らしく思いたいといった欲求があるといわれています。このように，ある目標に向かって何かを成し遂げたいという欲求を**達成欲求**といい，その欲求にもとづく動機を**達成動機**といいます。

　ドウェック（Dweck, C.）は，学習場面において何をもって達成したと認識するかは，目標のもち方によって違うと指摘しています。その目標は大きく分けて2つに集約されます。1つは，他者に勝つこと，社会的な評価や報酬を得ることを目標とする**遂行目標**です。もう1つは，自分の知識を増やし知能を高めること自体を目標とする**学習目標**です。

　さらにドウェックは，人がどちらの目標を設定するかは，2つの知能観（人の知能のとらえ方）が影響しているといいます。1つは，知能は生得的・遺伝的要因により固定されており，統制不能で変容しにくいと考える**実体理論**です。もう1つは，知能は生得的な要因によって規定されるものでなく，統制可能で変容しやすいと考える**拡大理論**です。実体理論の場合には，努力しても知能は向上されないと考えるために，他者に知能が高いと認められる状

Keyword：達成欲求→p.250　達成動機→p.250　ドウェック　遂行目標　学習目標　実体理論　拡大理論

況を求め，知能が低いと評価される状況を避けようとする遂行目標をもって行動します。それに対して，拡大理論の場合には，知能は努力によって高められると考えるために，知能を高めることを求める学習目標を設定して行動します。

遂行目標によって行動した場合，自分が成功すると思える課題に対しては積極的に取り組もうとするでしょうが，失敗しそうだと思う課題に対しては挑戦すること自体を避けようとするでしょう。さらに，自分の能力が低いと認識してしまっている場合には，行動すれば失敗すると考え，かつ失敗するという経験はしたくないとも考えるので，そもそも行動を取ること自体が少なくなってしまいます。つまり，実体理論をもち，かつ能力が低いと認識してしまっている場合には，学習行動を取ろうとする意欲が低くなってしまうわけです。

学習目標の場合には，自分の能力に対する認識の高低に関わらず，課題に挑戦すること自体が自分を成長させる機会だととらえるため，難しい課題にも粘り強く取り組みます。また，遂行目標の場合には失敗は避けるべき事態だと考えるのに対して，学習目標の場合には失敗はその後の成功のための情報源だと考える傾向があり，学習意欲は低下しないのです（表7-2）。

表7-2　ドウェックの達成目標モデル（Dweck, 1986より作成）

知能観	目標	能力への自信	遂行パターン
実体理論 →	遂行目標 →	高	→ 熟達志向
	↘	低	→ 無力感志向
拡大理論 →	学習目標 →	高	→ 熟達志向
	↘	低	→ 熟達志向

（3）自己効力感

　たとえば，毎日予習復習を何時間も続けて行い，学習内容を理解して，その結果テストでもよい点を取ることができるなら，おそらく人は毎日予習復習をするでしょう。しかし，実際に行動に移せる人が限られているのはなぜでしょうか。

　このような状況について，バンデューラ（Bandura, A.）は人がある行動を取った場合によい結果が得られると思うかどうかを**結果期待**と呼び，それとは別に，人がその行動をうまく取れると思うかどうかを**効力期待**と呼んで，両者を区別しました。そして，人が行動するかどうかは，結果期待と効力期待の両方が重要であると指摘したのです。上記の例にこのモデルをあてはめてみると，毎日数時間予習復習を行うことについて，結果期待は高かったとしても，効力期待が低ければ，実際に行動に移さないということになります。なお，人がこの効力期待をどう感じているのかを**自己効力感**といいます。

図7-2　自己効力感のモデル（Bandura, 1977より作図）

　自己効力感をどのように高めるのかについては，遂行行動の達成，言語的説得，代理経験，生理的喚起の4つの方法が提唱されています（祐宗，1985）。**遂行行動の達成**は，実際に行動を取ってみてうまくできたという経験を積むことです。できたという経験が最も自己効力感を高めるという訳です。**言語的説得**では，誰かに励まされたり評価されたりすることによって，できそうだと思うことで自己効力感が高まります。**代理経験**では，誰かがで

Keyword：結果期待　効力期待　自己効力感→p.248　遂行行動の達成　言語的説得
　　　　　　代理経験

きている様子を見ることで，自分でもできそうだと感じることによって自己効力感が高まります。

最後に**生理的喚起**については，不安でドキドキしたりしていると，うまくできないのではないかと考えてしまい自己効力感が低くなります。逆に，リラックスして落ち着いているような状況では，自己効力感が高くなると考えられます。

（4）学習性無力感

セリグマン（Seligman, M. E. P.）は無力感が学習されてしまうという現象があることを，イヌの実験によって明らかにしました。この実験では，何をしても逃避できない電気ショックを繰り返しイヌに経験させた後に，行動次第では電気ショックが回避できる状況でのイヌの行動を観察しました。事前に逃避不可能な電気ショックを経験していないイヌの場合には，しばらくすると電気ショックを回避する行動を学習できます。しかし，逃避不可能な電気ショックを繰り返し受けたイヌの場合には，うずくまるだけで回避行動を学習することはできませんでした。このイヌは，逃避不可能な電気ショックを受ける中で，何をしてもどうにもならないということを学習してしまい，無気力状態に陥ってしまったのです。こうした学習によって獲得された無力感のことを**学習性無力感**といいます。

学習においても，難しい課題に挑戦して失敗するという経験を何度も繰り返してしまうことによって，学習行動に関する学習性無力感に陥ってしまうことが考えられます。自己効力感の話と併せて考えてみても，学習する際には，ある程度うまくいくことが見込める課題にチャレンジして，うまくできたという成功経験を積み重ねていることが学習意欲を高めるうえで重要だと言えるでしょう。

Keyword：生理的喚起　セリグマン→p.244　学習性無力感→p.246

Review

復習課題

1. マズローの欲求階層説における各欲求を説明してみましょう。
2. どのような目的で学習することが望ましいのか，内発的動機づけと外発的動機づけという言葉を用いて理由とともに説明してみましょう。
3. 原因帰属や達成動機から，テストで悪い点を取ってしまった場合に，どのように受けとめることが望ましいのかについて説明してみましょう。
4. 学習行動に関する自己効力感を高めるためには，どうしたらよいでしょうか。具体例をあげながら説明してみましょう。
5. 教師の立場で生徒たちの学習へのやる気を高めるためにはどうしたらよいでしょうか。

Keybook

引用・参考文献

エドワード，L. デシ　リチャード・フラスト著　桜井茂雄訳（1999）人を伸ばす力―内発と自律のすすめ　新曜社

Deci, E.L. (1971) Effects of externally mediated rewards on intrinsic motivation. *Journal of Personality and Social Psychology, 18*(1), 105-115.

ダニエル・ピンク著　大前研一訳（2015）モチベーション3.0―持続する「やる気！」をいかに引き出すか　講談社

鹿毛雅治（2013）学習意欲の理論―動機づけの教育心理学　金子書房

上淵寿（2004）動機づけ研究の最前線　北大路書房

Column 4

自己決定理論

　外発的動機づけは，行動とは別の目的を達成するための手段となっているものという話でした。しかし，たとえば，親から怒られたくないから勉強している場合と，将来のために資格を取りたくて勉強している場合では，勉強に対する意欲は同じと言えるでしょうか。この2つの例はともに，学びたいといった勉強すること自体を目的としているものではないので，外発的動機づけと言えます。しかしながら，親に怒られないために勉強するのと，資格取得のために勉強するのでは，勉強に対する意欲は違うように思えます。

　デシ（Deci, E. L.）とライアン（Ryan, R. M.）は，外発的動機づけと内発的動機づけは完全に分かれているものではなく，自己決定性の高低によって連続しているものであると主張しました。そのうえで，外発的動機づけを調整のタイプによって4つに分類しました（表7－3）。つまり同じ外発的動機づけであったとしても，自己決定性の高い調整のタイプの方が学習意欲や課題への取り組みが望ましいものとなります。

　学習者は必ずしもすべての学習内容に対しておもしろさを見出せるわけではありません。そうであったとしても，なるべく自己決定性の高い動機づけをもてるように，教師は学習内容や課題の意味，価値を丁寧に説明し，なぜ学ぶ必要があるのかを伝えていくことが大事だと言えるでしょう。

表7－3　自己決定理論における動機づけ（Ryan & Deci, 2000より作成）

動機づけのタイプ	調整のタイプ	内容
無動機	調整なし	行動する意志がない状態
外発的動機づけ	外的調整	報酬の獲得や罰の回避を目的に行動している状態
外発的動機づけ	取り入れ的調整	罪の意識や不安を避けるためや誇らしさを感じるために行動している状態
外発的動機づけ	同一視的調整	行動自体に価値を見出し，重要だと思っているために行動している状態
外発的動機づけ	統合的調整	自分の価値観や信念と矛盾することなく行動の価値や重要性を認識して行動している状態
内発的動機づけ	内発的調整	行動すること自体が目的となって行動している状態

（自己決定性：低↑　高↓）

Lesson 8

頭がよいとは ―知能と測定

　テストの点数が高い人や，記憶力がよい人，発想が豊かな人などに対して，「あの人は頭がよい」と感じることがあるでしょう。「頭のよさ」について考えると，さまざまな答えが浮かぶと思います。こうした「頭のよさ」は，心理学では「知能」として考えられ，多くの研究者によって，その内容や構造，測定方法などが提唱・開発されてきました。

　Lesson 8 では，「知能」とはどのようなものなのか，さまざまな知能理論や知能を測定する検査方法について紹介します。また，知的な活動の中でも生活を豊かにすると考えられている「創造性」についても解説します。

*P*rep
予習課題
1. 「頭がよい」と感じる場面や内容について，理由も含めて考えてみましょう。
2. 人にはそれぞれ得意な能力と苦手な能力があると思います。そうした「個人差」はどうして生じるのか，考えてみましょう。
3. 学習場面と普段の生活場面で，それぞれどのような能力が発揮されることが重視されるでしょうか。その違いや特徴について考えてみましょう。

1. 知能とは

（1）知能の定義

「頭のよさ」について考えたときに，「勉強ができる」「機転がきく」など，さまざまな内容を思いつくでしょう。知能は複雑で多様な内容を含んでいるため，知能を構成している要素や構造をどう見るかの違いにより，たくさんの知能の定義や構造モデルが提唱されています。まず，知能の定義をまとめると，松原（2004）は，大きく4つに分類しています（表8－1）。

表8－1　知能の定義

知能の定義の種類	内容
①高等な抽象的思考能力	ターマン（Terman, L.M.）やスピアマン（Spearman, C.E.）らの定義です。知能とは抽象的に物事を考える力，すなわち複数の物事の共通点や相違点を発見するといった，推理や思考能力であるとしています。
②学習能力	ディアボーン（Dearbone, W.F.）やゲイツ（Gates, A.I.）らの定義です。知能を，学習する能力，または経験によって獲得していく能力としています。
③新しい環境への適応能力	シュテルン（Stern, W.）やピントナー（Pintner, R.）らの定義です。新しい環境や課題において，適切で有効な方法で適応していく能力としています。
④総合的・全体的能力	ストッダート（Stoddard, G.D.）やウェクスラー（Wechsler, D.）らの定義です。ウェクスラーは，知能を「目的的に行動し，合理的に思考し，その環境を効果的に処理する個人の総合的・全体的な能力」と定義しました。

この他にも，フリーマン（Freeman, F.N.）による「知能検査で測られたもの」といった定義まであります。これらの定義は，独立した定義として対

立しているものではなく，相互に関連しあっていると考えられます。現在では，④の立場である，問題解決や新しい場面で発揮される総合的な能力という包括的な定義が広く支持されています。

(2) 知能の構造

知能にはさまざまな定義があるように，いろいろな働きをする認知機能が見出されています。知能の認知機能とその構造について，いくつか紹介しましょう。

①スピアマンの2因子説（1904年）

知能の構造について初めて研究を行ったのは，スピアマン（Spearman, C.E.）です。小学生の各科目の成績を因子分析という方法を用いて分析し，いずれの科目にも共通して働く**一般因子（g因子）**と，各科目にのみ個別に働く**特殊因子（s因子）**を抽出し，**2因子説**を提唱しました（図8－1）。

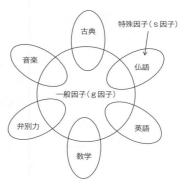

図8－1　スピアマンの2因子説

②サーストンの多因子説（1938年）

個別に働くと考えられた特殊因子ですが，その特殊因子の間にも共通部分があると考えたのが，サーストン（Thurstone, L.L.）でした。この**多因子説**では，知能には少なくとも7つの「基本的精神能力」（言語理解，言語の流暢さ，数，空間知覚，知覚の速さ，記憶，推理）があり，知能は比較的独立した知的機能から構成されていると考えられました。

Keyword：一般因子（g因子）→p.245　特殊因子（s因子）→p.251　スピアマンの2因子説→p.249　多因子説

③キャッテルの流動性知能と結晶性知能（1963年）

キャッテル（Cattell, R.B.）は，多くの因子で構成されている知能を，**流動性知能**と**結晶性知能**の２つに大別しました。流動性知能とは，新しい場面への適応に必要な能力です。一方，結晶性知能は，語彙や知識など，過去の学習や経験によって高められる能力です。いずれの知能も年齢との関連が指摘されています。流動性知能のピークは10〜20代ごろまでで，その後は徐々に低下していきます。結晶性知能は経験と関係するため，加齢とともに向上し，加齢による低下が少ないことが特徴です。

④ギルフォードの知性構造モデル（1967年）

ギルフォード（Guilford, J.P.）は，知能は情報処理機能であるという観点から，情報を「**内容**」からとらえる働きと，その情報を分析したり総合するといった心的な「**操作**」，その心的操作によって得られた結果である「**所産**」という３つの側面をもつ**知性構造モデル**を提唱しました（図8-2）。

この３つの側面の要素を１つずつ組みあわせたものを知能因子と呼び，これらの組みあわせによって120以上の知能因子を仮定しました。この知性構造モデルの特徴は，「**拡散的思考**」という，問題解決の場面で１つに限らないさまざまな解決の可能性を広げて探る思考法に着目したことです。この概念は「**創造性**」を支える重要な要素として考えられています。この拡散的思考に対して，１つの適切な回答や解決法に収束される思考法を，「**収**

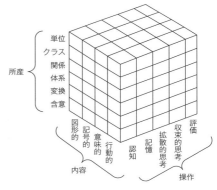

図8-2　ギルフォードの知性構造モデル

Keyword：キャッテル→p.242　流動性知能→p.254　結晶性知能→p.247　内容　操作　所産　知性構造モデル　拡散的思考→p.246　創造性　収束的思考→p.248

束的思考」といいます。

⑤ガードナーの多重知能理論（2001年）

ガードナー（Gardner, H.）は、テストなど「紙と鉛筆によって評価できる能力」から離れ、脳科学や心理学、進化などの研究から知能をとらえ直しました。その結果、人間の知能は単一の能力ではなく、8つの質的に異なる能力から成り立っているという、**多重知能理論**を提唱しました（表8－2）。この8つの能力の組み合わせや濃淡が、問題解決や職業適性などに生かされていると考えられています。これらの知能の中には、⑥や⑦のように対人関係や生活を円滑にするための、パーソナリティに近い能力も含まれています。人がよりよく適応的に生きていくための重要な能力であることには、違いないでしょう。

表8－2　ガードナーの多重知能理論における8つの知能

知能の種類	内容
①言語的知能	話し言葉と書き言葉への感受性、言語を学ぶ能力、目標達成のために言語を用いる能力。
②論理数学的知能	問題を論理的に分析したり、数学的な操作を実行したり、問題を科学的に究明する能力。
③音楽的知能	音楽パターンの演奏や作曲、鑑賞のスキル。
④身体運動的知能	問題を解決したり、何かをつくり出すために、体全体や身体部位（手や口など）を使う能力。
⑤空間的知能	広い空間のパターンを認識して操作する能力。
⑥対人的知能	他人の意図や動機づけ、欲求を理解して、その結果、他人とうまくやっていく能力。
⑦内省的知能	自分自身の欲望や恐怖、能力も含めて自分自身を理解し、そのような情報を自分の生活をコントロールするために効果的に用いる能力。
⑧博物的知能	自然や人工物の種類を識別する能力。

Keyword：多重知能理論

⑥CHC理論（1997年〜）

　近年多くの研究者から支持され，現在でも発展を続けている知能理論に，**CHC理論**があります（図8－3）。さまざまな知能因子理論を統合したもので，理論の基礎を提案したキャッテル（Cattell, R.B.），ホーン（Horn, J.L.），キャロル（Carroll, J.B.）の3人の研究者の頭文字から命名されています。このCHC理論は，理論と実践の統合にも貢献しており，米国における今日の知能検査・認知検査の大半は，このCHC理論を念頭につくられています（大六，2016）。日本でも，WISC-IVやK-ABCⅡなどは，解釈の過程でCHC理論を基盤としています。

　初期のCHC理論（McGrew, 1997）において，知能は3層構造が想定されています。第1層に細分化された72個の限定能力があり，それらをある程度まとめた結晶性能力や流動性推理などの10個の広範能力によって第2層は構成されています。そして，最上層に一般能力（g）が置かれています。これは総合的な知的水準を示すスピアマン（1904）が提唱した一般因子に該当するものです。最上層に一般因子（g）を置くことの妥当性については，現在でも議論が続いています。

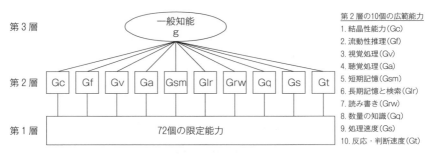

図8－3　CHC理論の階層図（McGrew, 1997による初期のCHC理論の構造および上野ら，2015，大六，2016を参考に作成）

Keyword：CHC理論

このCHC理論によって，さまざまな知能検査間で共通の理論をもつことができたため，実施すべき検査のガイドラインが示しやすくなったことや，検査にまたがる総合的な解釈が可能になったこと（大六，2016）は，とても大きな意義があるでしょう。

2．知能検査

（1）知能検査の歴史と発展

知能検査とは，知能を測定するための心理検査のことです。現在では，知的障害の有無の鑑別や，認知機能の評価，学習指導や就学・就労指導，治療的教育，発達援助のためのツールとして活用されています。

世界で最初の知能検査の開発は，フランスの**ビネー**（Binet, A.）が行いました。当時フランスでは勉強についていけない子どもに特別な教育を行うため，そうした子どもを見分ける方法を開発する必要がありました。ビネーとシモン（Simmon, T.）は，フランス教育省に委託され，1905年にビネー・シモン式知能検査を作成しました。この知能検査は，その後，さまざまな国で活用されることになります。

アメリカのターマン（Terman, L.M.）は，ビネー・シモン式知能検査をもとに，1916年にスタンフォード・ビネー式知能検査を開発しました。この知能検査は，アメリカの文化に即した問題を取り入れただけでなく，1912年にドイツの**シュテルン**（Stern, W.）が提唱した**知能指数**（IQ：Intelligence Quotient）という概念を，初めて実用化しました。

このビネー式知能検査は日本にも紹介され，1930年に鈴木治太郎が翻訳・改訂した鈴木ビネー式知能検査と，1947年に田中寛一が翻訳・改訂した田中

Keyword：ビネー→p.242　シュテルン　知能指数

ビネー式知能検査が有名です。鈴木ビネー式知能検査は、およそ半世紀の間未改訂のままでしたが、問題の内容が現代の生活様式とあわないものが見られ、現代の子どもたちの知能発達を測るうえで妥当な検査にするため、2007年に改訂が行われました。田中ビネー式知能検査は定期的な改訂が行われ、現在では、2003年に改訂された田中ビネー知能検査Vが広く活用されています。

（2）知能検査の種類

　知能検査は、実施の方法によって、**個別式知能検査**と**集団式知能検査**に大別されています。個別式知能検査は、個人に対して個別に長時間実施する知能検査です。個人の知能の特徴について、さまざまな側面から理解することができます。

　一方、集団式知能検査は、多数の人に対して短時間で実施できる知能検査です。個人の知能の特徴について、おおまかに把握することができ、集団の中から知的能力に何か問題があると予想される人とそうでない人の**スクリーニング**（ふるいわけ）のために使用されます。知能検査の種類によって、測定している内容や対象者、知能の表示方法も異なります。代表的なものについて紹介しましょう。

①ビネー式知能検査

　もともと児童用に開発された個別式知能検査ですが、日本における最新版である田中ビネー知能検査Vでは、2歳から成人まで知能を測定することができるよう、工夫されています。

　この知能検査は、特定年齢の子どもたちの6～7割が回答できる問題で構成されており、対象の子どもがその問題に正答できれば、その子どもは特定

Keyword：　個別式知能検査　集団式知能検査　スクリーニング　ビネー式知能検査

年齢の知的水準に達していると解釈します。たとえば，6歳の子どもが4歳用の問題までしか正答できなかった場合，知的発達に遅れがあり，8歳用の問題まで正答できれば，知的発達は進んでいると考えます。問題は難易度順に配列されており，どの程度まで正答できたかで，**精神年齢**（MA：Mental Age）を求めます。精神年齢は，知的発達の程度がわかりやすいメリットがあります。ただし，成人と同等と考えられる14歳以上では，精神年齢は算出せず，後述する偏差知能指数（DIQ）を算出する方法がとられています。

ターマンが実用化した知能指数（IQ：Intelligence Quotient）は，実際の年齢である生活年齢（CA：Chronological Age）も使用し，以下のように算出します。

$$知能指数（IQ）= \frac{精神年齢（MA）}{生活年齢（CA）} \times 100$$

②ウェクスラー式知能検査

1939年にニューヨークのベルヴュー病院に勤務していたウェクスラー（Wechsler, D.）が開発した個別式知能検査です。このとき作成されたウェクスラー・ベルヴュー知能検査は複数回改訂され，現在では幼児から高齢者まで使用できる知能検査として，世界でも広く利用されています。現在日本では，被検者の年齢に応じて，**WPPSI-III**（2歳6か月〜7歳3か月），**WISC-IV**（5歳0か月〜16歳11か月），**WAIS-IV**（16歳0か月〜90歳11か月）が作成されています。

児童用であるWISC-IVは，10の基本検査と5の補助検査で構成されており，10の基本検査を実施することで，5つの合成得点が算出されます。その5つとは，全検査IQ（FSIQ），言語理解指標（VCI），知覚推理指標（PRI），ワーキングメモリー指標（WMI），処理速度指標（PSI）であり，全検査IQはこ

Keyword：精神年齢　ウェクスラー式知能検査　WPPSI-III　WISC-IV　WAIS-IV

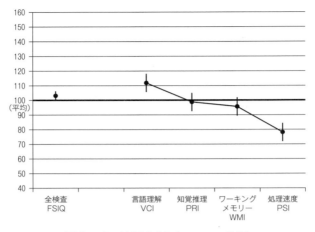

図8-4　WISC-IVプロフィール例

（日本版 WISC-IVテクニカルレポート（日本文化科学社，2018）を参考に作成。点が一度の検査で得られた結果例で，縦線が誤差を考慮した結果例です。）

の検査で測定される全体的な認知能力を表しています。

　この知能検査の特徴は，同年齢集団内での相対的な知的発達の位置が示されるだけでなく，個人内の強い能力と弱い能力を各指標間や下位検査レベルで検討できることです。そのため，個人の能力の発達の様相やバランス具合を把握することができます。WISC-IVの結果例を紹介しましょう（図8-4）。

　結果をプロフィール図にすることで，被検者（検査を受ける人）の同年齢集団内における相対的な知的発達の位置や，認知処理の得意不得意がとらえやすくなります。結果を読み取る際に考慮すべきことは，一度の検査で得られた得点には，さまざまな要因による誤差が含まれている可能性があることです。そのため，算出された1つの数値だけでなく，一定の幅（信頼区間）をもたせて結果を理解することが求められています。

　ウェクスラー式知能検査は，IQの算出に際し，**偏差知能指数**（DIQ：

Keyword：偏差知能指数

Deviation Intelligence Quotient) という，平均を100，標準偏差を15とする標準得点を採用しています。計算式は以下の通りです。

$$偏差知能指数（DIQ） = \frac{各個人の得点 - 同年齢集団の平均点}{同年齢集団の標準偏差} \times 15 + 100$$

この計算式を用いると，100±15点，つまり85〜115点の範囲に，約68%の人があてはまることになります。ビネー式知能検査でも14歳以上を対象とした場合は，この偏差知能指数の考え方が採用されるようになりましたが，標準偏差は16と設定されています。

③集団式知能検査

集団式知能検査は，1917年にアメリカのヤーキーズ（Yerkes, R.M.）らによって考案されました。当時アメリカ陸軍は，第一次世界大戦に参加する新兵の選別と配置をする必要がありました。そのとき適格検査として用いられたのが，英語での読み書きができる人を対象とした言語式検査（A式またはa式）と，英語での読み書きができない人を対象とした非言語式検査（B式またはβ式）です。これらの検査を用いて，対象者の知的発達の水準を把握し，スクリーニングを行いました。

この集団式検査では，個人式知能検査のように知能指数も算出できますが，同年齢集団内で個人の得点がどこに位置するのか把握することと，学力と比較しやすくなるという特徴から，**知能偏差値**（ISS：Intelligence Standard Score）という算出方法がとられることが多いです。

$$知能偏差値（ISS） = \frac{各個人の得点 - 同年齢集団の平均点}{同年齢集団の標準偏差} \times 10 + 50$$

Keyword：知能偏差値

(3) 知能検査の実施と留意点

　知能検査にはさまざまな種類がありますが，知能検査で個人の知能すべてを測定できるわけではありません。知能検査を実施する際には，測定している内容や実施方法，解釈の仕方を十分理解している必要があります。検査を行える人は，心理検査に関する知識と経験をもつ専門家に限られているため，医療機関や教育相談センターなどの専門機関で実施されることが多いでしょう。検査を行う際には，被検者の主訴，成育歴，行動観察などを踏まえて検査結果を評価し，個人を包括的に理解することが大切です。被検者や家族，関係者に結果を伝える際には，苦手な部分ばかり注目するのではなく，得意な部分もあわせて個人の特徴をわかりやすく説明する配慮も求められます。教育現場においては，支援を必要とする児童生徒の発達の状態や困難さを理解し，具体的な発達支援の方向性を考えるためのツールとして，適切な活用が望まれます。

3．創造性

(1) 知能と創造性

　創造性（Creativity）とは，これまでの経験や知識をもとに発揮される独創的で生産的な能力のことをさします。この創造性は，芸術や科学的発見などに関連することが多く，創造性のある人は「才能がある」や「天才」とみなされることもあるでしょう。しかし，この創造性は芸術など特定の領域にのみ発揮されるものではなく，チクセントミハイ（Csikszentmihalyi, M.）によれば，「日々の経験を，より生き生きと鮮やかに，より楽しく，よりや

Keyword：創造性→p.250

りがいのあるものにしてくれる」重要なものだと考えられています。

　知能と創造性は似ているようですが，両者には低い正の相関しかなく，独立した機能をもっているため，別の概念として区別されています。違いは測定法にもあらわれており，創造性を測定する検査の場合，与えられた1つの課題から単一の正答を求めるのではなく，多様で独創的かつ役に立つ答えを早く回答できることを評価しています。

(2) 創造性の構成要素とプロセス

　創造性には，「流暢性」「柔軟性」「実用性」「独創性」という，知能とは異なる4つの要素があります（松原，2004）。流暢性とは，適切な発想を生み出す思考の速さのことです。柔軟性は，1つの発想が行き詰まったら，それにこだわらず，別のよりよい方法を考え出していく思考の広さのことをさします。実用性は，綿密性とも言い，発想を具体的に社会や生活に役立つものへと発展させる力のことです。独創性は，過去の経験や知識を生かし，他の人が思いつかなかったようなユニークな考え方に気づく力のことです。

　また，創造性が生まれるプロセスの諸段階は，ウォーラス（Wallas, G.）の4段階のものが有名です（表8-3）。このプロセスは，順番に一方通行に進んでいくものではなく，相互に重なりあっており，何回か繰り返されるのが一般的だと考えられています。

(3) 知能や創造性を高めるために

①アセスメントの重要性

　一般的に，同一人物の知能は，ある程度恒常性があると考えられています。しかし，一生変化しないというわけではありません。知能は，経験や学習，

表8-3 創造性の4段階（Wallas, 1926）

段階	プロセス	特徴
第1段階	準備 Preparation	対象となる課題に興味をもち，情報を集め，分析するなど，問題解決に熱中する段階。
第2段階	孵化（あたため） Incubation	問題や課題について考えることから一旦離れ，休息したり別の作業を行ったりする段階。準備で課題解決に行き詰まったために，意識的に課題から離れる場合もあります。
第3段階	啓示（ひらめき） Illumination	突発的に課題解決に関するひらめきが生じる段階。
第4段階	検証 Verification	ひらめいた解決策が有効なのか，検証する段階。

生活環境，動機づけ，人格特性など，さまざまな要因の影響を受けて成り立っています。知能検査によって測定された知的能力も，そのときの生活環境や検査時の環境，体調によって変動することがあります。では，知能や創造性を高めるためには，どのような取り組みができるでしょうか。これらの能力の発達には，加齢によるものだけではなく，本人の特性や教育環境，家庭環境も影響しています。知能や創造性を高めるためには，適切な関わりや環境調整をすることが重要になるでしょう。

　知能検査を用いて測定した知的能力と学力には，正の相関があると考えられています。学力を規定する個人的要因には知能も含まれており，創造性を発揮する際にも，過去の経験や知識が必要になるため，適切な学習環境を提供することは，知能や創造性を高める一因になると考えられます。適切な教育や支援を行うためには，子どもの現在の学力や知能の程度などを**アセスメント**することが必要不可欠です。アセスメントの結果にもとづいて根拠のある指導計画や**個別の支援計画**を立てることは，特別な支援を要する子どもだけでなく，すべての子どもにとって有用となるでしょう。

Keyword：アセスメント→p.245　個別の支援計画→p.247

②創造性を高めるためのポイント

　子どもの創造性を高めるために，弓野（2015）は3つのポイントをあげています。まず第一に，「子どもの『自尊感情』を高めること」です。子どもを認め，ほめることで，自尊感情を高める工夫が大切だと考えられています。第二に，「『創り』の教育を増やすこと」です。弓野によれば，日本の学校教育では，学んだ内容と「自己」の関わりとの責任が薄いため，あるときは基礎・基本の学びのうえに立ち，別のときは基礎・基本の学びと並行しながら，自己が強く関与した創りの力を育てることが重要であると指摘しています。第三に，「子どもの教育に関わる大人が，個性や創造性が何を意味するのかを明確にとらえ，それらが伸びるように配慮する必要がある」ことをあげています。個性や創造性の意味を明確にしておかなければ，これらを伸ばせる場面に遭遇しても，効果的にほめたりすることができないためです。

　さらに，チクセントミハイ（2016）は，「好奇心と興味を育むこと」をあげています。そして，興味をもったものに取り組むことを楽しみ，そのエネルギーを保持し続ける必要があります。こうした意欲的な活動を支えるためには，本人が自信をもって新しいことに挑戦し，さらに学びたいという楽しさや欲求に結びつくよう，課題と個人それぞれがもつ興味・関心や諸能力のバランスを見極めることが大切でしょう。

Review
復習課題
1. 「頭のよさ」について，自分の定義と測定する方法を考えてみましょう。
2. 知能検査の開発と発展について，知能検査にはどのような目的があって開発されてきた経緯があるのか，振り返りながら説明してみましょう。
3. 子どもの創造性を高めるためには，どのような教育的，環境的配慮が必要でしょうか。自分の考えを説明してみましょう。

Keybook

引用・参考文献

Cattell, R. B.（1963）Theory of fluid and crystallized intelligence: A critical experiment. *Journal of Educational Psychology, 54*, 1-22.

チクセントミハイ, M. 著　浅川希洋志監訳　須藤祐二・石村郁夫訳（2016）クリエイティヴィティ―フロー体験と創造性の心理学―　世界思想社

大六一志（2016）CHC（Cattell-Horn-Carroll）理論と知能検査・認知検査―検査結果解釈のために必要な知能理論の知識―　LD研究, 25, 209-215.

ディアリ, I. J. 著　繁桝算男訳　松原達哉解説（2004）知能　岩波書店

フリン, J. R. 著　水田賢政訳　斎藤環解説（2015）なぜ人類のIQは上がり続けているのか？―人種，性別，老化と知能指数―　太田書店

ガードナー, H. 著　松村暢隆訳（2001）MI―個性を生かす多重知能の理論―　新曜社

Guilford, J. P.（1967）*The nature of human intelligence*　New York: McGraw-Hill.

金城辰夫・丹野義彦（2015）8章　8.2　知能の因子　鹿取廣人・杉本敏夫・鳥居修晃（編著）　心理学第5版（239-242）東京大学出版会

松原達哉（2004）知能の考え方の多様性と見方　ディアリ, I. J. 著　繁桝算男訳　松原達哉解説（2004）知能　岩波書店

McGrew, K.S.（1997）Analysis of the major intelligence batteries according to a proposed comprehensive CHC framework. In D.P. Flanagan, J. L. Genshaft, & P. L. Harrison（Eds.）: *Contemporary intellectual assessment : Theores, tests and issues*. Guilford Press, New York .pp.151-180.

日本文化科学社：日本版 WISC-IVテクニカルレポート　日本文化科学社　https://www.nichibun.co.jp/kensa/technicalreport/（2018年10月）

Spearman, C. E.（1904）"General intelligence," objectively determined and measured. *American Journal of Psychology*, 5, 201-293.

友田明美（2016）被虐待者の脳科学研究　児童青年精神医学とその近接領域, 57, 719-729.

Thurstone, L. L.（1938）*Primary mental abilities*. Chicago : University of Chicago Press.

上野一彦・松田　修・小林　玄・木下智子（2015）日本版WISC-IVによる発達障害のアセスメント―代表的な指標パターンの解釈と事例紹介―　日本文化科学社

Wallas, G.（1926）*The art of thought*. New York: Harcourt-Brace.

弓野憲一（2015）kindle-Book学びと創りの心理学　弓野教育研究所　201-3723 & 269-3723

Column 5

「頭のよさ」を決めるのは，遺伝？ 環境？

　個人の「頭のよさ」に影響しているのは，生まれつきの遺伝要因なのか，育ちによる環境要因なのか，そうした関心は，心理学研究の対象にもなりました。この疑問を解明するため，「双生児研究法」というものが考案されました。遺伝子が同じ一卵性双生児について，同じ環境で育てられたケースと全く異なる環境で育てられたケースを比較することで，知能と遺伝，環境の関係を明らかにしようとしたものです。その結果，一緒に過ごした一卵性双生児と別々に過ごした一卵性双生児の知能の相関はともに高く，知能の発達には遺伝の影響が重要であることが明らかになりました。

　しかし，環境による知能への影響も大きいことが指摘されています。環境要因には，家庭の経済状況や教育環境なども含まれます。友田（2016）によれば，虐待などの不適切な養育体験は，脳の器質的・機能的な変化をともない，精神面への悪影響だけでなく，認知機能の低下を引き起こすことが指摘されています。知能の発達には，適切な養育環境が必要であることは明らかです。

　また，IQは時代とともに上昇していることが示されています。この現象は，提唱者の名前から「フリン効果」と呼ばれています。IQ上昇の要因として，栄養状態の改善，高等教育の普及，複雑な認知能力を要する仕事が増えたこと，現代社会における抽象的な思考習慣などが考えられています。時代とともにIQが上昇しているという事実は，昔の人よりも現代人の方が賢いということではなく，知能の向上には社会的要因も大きく影響していることを示唆しています。これらの知見は，人の知能には遺伝も環境も相互に影響しあっていること，さらに個人が属する社会的側面や文脈を考慮したうえで「頭のよさ」について考えることの重要性をあらわしていると考えられるでしょう。

Lesson 9

パーソナリティと教育

　私たちは,「あの人は誠実な人だ」「あの人は明るい人だ」といった表現をすることがあります。心理学では,こうしたその人らしさ（以下：パーソナリティ）について述べるときに「性格」や「個性」という概念を用いてきました。
　では,パーソナリティはどのような過程を通して形づくられるのでしょうか。
　Lesson 9では,パーソナリティの代表的な理論やフロイトの精神分析学を学び,パーソナリティの考え方を理解します。次に,パーソナリティを測定する方法を学び,その人らしさの理解に役立てるようにします。

Prep
予習課題
1．パーソナリティに関連する「性格」や「個性」という用語の意味を調べて,説明してみましょう。
2．自分の長所と短所についてそれぞれ記述してみましょう。
3．子どもの個性を伸ばすためには,どのような環境が望ましいでしょうか。具体例をあげて考えてみましょう。

1．パーソナリティとは何か

　パーソナリティとは何でしょうか。「パーソナリティ」の語源はラテン語の「ペルソナ」（persona）で，もともと劇で使用される仮面のことをあらわします。ただ，パーソナリティは概念があいまいで，統一した定義がありません。

　たとえば，パーソナリティ研究の基礎を築いた**オールポート**（Allport, G.）は，「パーソナリティとは，個人のなかにあって，その人の特徴的な行動と考え方を決定する精神・身体的システムとしての力動体制である」と定義しています。

　また，**アイゼンク**（Eysenck, H.）は，「パーソナリティとは，多かれ少なかれ安定した個人の特徴（性格，気質，知性，体質など）の持続的な体制で，個人に独自の環境への適応の仕方を決定するものである」と定義しています。

　このようにパーソナリティの定義は異なっているものの，共通して認められる特徴として，次の2点があげられます。

---

①他者とは異なる個人を特徴づける独自性という側面がある。
②場面を超えて，ある程度一貫した認知・感情・行動のパターンである。

　パーソナリティは人間の行動やさまざまな考え方（価値観）の基盤となるものです。パーソナリティは生まれながらにして備わっているもの（**気質**と呼ばれます）に，環境からの影響が加わって形づくられていくと考えられています。

Keyword：オールポート→p.242　アイゼンク→p.242　気質→p.246

2．パーソナリティの諸理論

　パーソナリティをとらえる枠組みとして代表的な理論には，**類型論**と**特性論**があります。類型論は主にヨーロッパで発展したもので，一定の類型（タイプ）に分類し，その分類によって個人のパーソナリティを考えようとするものです。この代表的な理論には，**クレッチマー**（Kretschmer, E.）の類型論，**ユング**（Jung, C.G.）の類型論，**シュプランガー**（Spranger, E.）の類型論などがあります。

　特性論は主にアメリカで発展したもので，個人のパーソナリティは共通した要素（パーソナリティ特性）からなり，その要素をもつ量の違いが個人間の違いであるとするものです。この代表的な理論には，**キャッテル**（Cattell, R.B.）の特性論，**ゴールドバーグ**（Goldberg, L.）のビックファイブ（5因子論）などがあります。

　では，類型論と特性論のそれぞれの考え方をみていくことにしましょう。

（1）類型論

①クレッチマーの類型論

　クレッチマーは，精神病の患者の体型とパーソナリティの間には関係があることを示しました。表9－1に示すように，統合失調症の患者には「細身型」，躁うつ病の患者には「肥満型」，てんかんの患者には「筋肉質型」の体型の者が多いことから，パーソナリティの気質を3つに分類し，それぞれ「分裂気質」「躁うつ気質」「てんかん気質」と命名しました。

Keyword：類型論→p.254　特性論→p.252　クレッチマー→p.243　ユング→p.243
　　　　　シュプランガー→p.244　キャッテル→p.242　ゴールドバーグ→p.242

表9－1 クレッチマーの類型論（宮城，1960：清水，1998より作成）

体格	気質	特徴
細身型	分裂気質	・非社交的で内気 ・臆病，敏感で傷つきやすい ・繊細，生真面目，無関心，鈍感
肥満型	躁うつ気質	・社交的，温厚，親切 ・明朗，活発，ユーモアがある ・寡黙，平静，沈滞
筋肉質型	てんかん気質	・粘り強い，几帳面，融通が利かない ・正義感が強い，秩序を好む ・普段はおとなしいが，ときに爆発的に興奮するときがある

②ユングの類型論

　ユングは，心の活動のおおもととなる「心的エネルギー」の向かう方向性から人を「内向型」「外向型」の2つに分類しました。内向型の人は外界よりも自分の内面に興味や関心が向かい，自分の信念にしたがって行動することが多くなるとされています。また，外向型の人は内面よりも外界へと自分の興味や関心が向かい，外界の影響を受けると同時に他者にも影響を及ぼす状態であるとされています。ユングによると，人は本来，内向型と外向型の両方をもっているとされますが，内向型の人は外界への関心を意識下に抑圧しており，外向型の人は内面への関心を意識下に抑圧しているとされています。

③シュプランガーの類型論

　シュプランガーは，人が生きていくうえで，何に対して最も価値をおいているかという観点から，人を6つのタイプに分類しました。その6つとは，「理

論型」「経済型」「芸術型」「権力型」「宗教型」「社会型」です。
　たとえば「理論型」は，研究者のように，知識を深めることに生きる価値を見出しているタイプです。また「社会型」は，他者や社会の福祉のために価値をおき，他の人を愛し進歩させることに生きる価値を見出しているタイプとされています。

　類型論は，人をいくつかのタイプのどれかに分類しとらえようとするので，「この人はこのタイプ」というように分類すると，その人の全体像がおおまかにイメージしやすくなるという利点があります。しかし，すべての人々がそのタイプにあてはまるとは限りません。実際には，さまざまな個性をもつ人々を，2つ3つ6つという限られたタイプのどれかにあてはめることはとても難しいものです。また，この分類の方法では，個人個人の細かな違いを説明しにくいとされています。この細かな違いを把握しようとするのが特性論です。

（2）特性論

①キャッテルの特性論

　キャッテルは因子分析という統計手法を用いて，パーソナリティを構成する特性として16個の根源特性を測定できることを提唱しました。16個の根源特性とは，「分裂的―情緒的」「知的に低い―知的に高い」「情緒不安定―情緒安定」「服従的―支配的」「慎重―軽率」「責任感が弱い―責任感が強い」「物怖じしない―物怖じする」「精神的に強い―精神的に弱い」「信じやすい―凝り深い」「現実的―空想的」「無技巧―狡猾」「自信がある―自信がない」「保守的―革新的」「集団依存―個人充足」「放縦的―自律的」「リラックス―緊張」です。

②ビックファイブ（5因子論）

オールポートの研究から始まった特性論の研究は，さまざまな研究でいくつもの特性が示されました。中でも，ゴールドバーグが提唱した**ビックファイブ（5因子論）**と呼ばれる5つの共通特性（因子）によって整理できるという考え方が広まっています。ビックファイブの5つの特性とは，「外向性（Extraversion：E）」「協調性（Agreeableness：A）」「勤勉性（Conscientiousness：C）」「神経症傾向（Neuroticism：N）」「開放性（Openness to Experience：O）」です。

3．パーソナリティとフロイトの精神分析学

パーソナリティ研究の第一人者であるフロイト（Freud, S.）は，多くの神経症患者の診断と治療を行い，その臨床経験にもとづいて**精神分析学**を提唱しました。フロイトは，人の心を「イド（エス）」「自我（エゴ）」「超自我（スーパーエゴ）」の3つの領域に分け，とくに無意識の過程を重視しました（図9-1）。

イド（エス）：無意識的な世界のことで，人の本能的な欲求を満足させる働きで快楽原則を満たそうとするものです。

自我（エゴ）：意識できる自分のことで，無意識と超自我を調整しながら，現実世界に適応するように調整し，媒介する役割をします。しかし，この調整に失敗した場合には不安にさらされます。この場合には，自我は無意識に不安を解消するために，表9-2のような「**防衛機制**」という手段をとることがあります。

超自我（スーパーエゴ）：大人や社会の批判，価値などを内在化することで生まれる道徳的規則や良心のことを示します。

Keyword：ビックファイブ→p.253　精神分析学　イド（エス）　自我（エゴ）　防衛機制　超自我（スーパーエゴ）

フロイトの精神分析理論

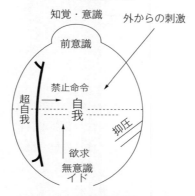

図9-1 フロイトの心的構造（Freud, 1932）

表9-2 自我防衛機制（丹野，2003等より作成）

防衛機制	概要
抑圧	不快な気持ちや考えを無意識の中に押し込むこと
置き換え	実際の怒りや感情を，その特定の対象に向けるのではなく，別の対象に向けること
合理化	自分が納得できる説明をつけて正統性を確保すること
投射	自分が思っている感情を相手のせいにすること
補償	劣等感や不安などの負の感情を他の分野で補おうとすること
逃避	不安を感じさせる場面や状況から逃げること
退行	精神発達の未熟な幼少期の段階に逆戻りすること

4. パーソナリティの測定

(1) 質問紙法

　パーソナリティの測定では，質問紙を用いた方法がよく実施されます。**質問紙法**は，調査対象者が質問紙に記された質問項目に対して回答することでパーソナリティを測定するものです。調査対象者は，質問項目の文に対して「はい（2点），どちらともいえない（1点），いいえ（0点）」等の選択肢から，自分に最もあてはまる答えを選んでチェックします。

　調査者は，記入された数字を集計することで，調査対象者のパーソナリティ特性を把握することができます。質問紙による測定は，実施が容易で集団に対して実施できる，また，解釈に熟練を要さないという利点があります。ただ，実施に際しては，あらかじめ決められた適用年齢を守る必要があります。検査を受ける人が，質問文を読んで正しく理解でき，その質問文を適切に回答できる年齢になっている必要があります。また，正直に回答しないと，妥当な結果は得られません。

　質問紙法の中で最もよく用いられるパーソナリティ検査としては，**Y-G性格検査（矢田部—ギルフォード性格検査）**があります（図9-2）。この検査は，120項目からなり，抑うつ性，回帰性，劣等感，神経質，客観性欠如，協調性欠如，愛想の悪さ，一般的活動性，のんきさ，思考的外向，支配性，社会的外向の12の性格特性を測定することができます。また，**ミネソタ多面式人格目録**（MMPI）という検査は，約550項目の質問項目に対して「そう」「ちがう」で回答してもらい，その結果を総合的に解釈して人格を多面的に測定することができます。MMPIは，人格の多面的な側面をもとにプロフィールを描くことで，パーソナリティ特性を総合的に判断することが特徴です。

Keyword：質問紙法　Y-G性格検査(矢田部—ギルフォード性格検査)　ミネソタ多面式人格目録

Lesson9　パーソナリティと教育　　133

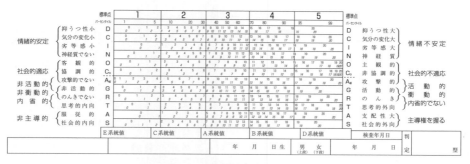

図9-2　YG性格検査プロフィール

出典：竹井機器工業株式会社

（2）投影法

投影法による性格検査は，心理相談などの臨床場面で用いられています。臨床場面で診断する際には，人が意識していない内面を把握する必要があり，質問紙法を用いるよりも効果的な場合があります。投影法は，自由な反応を受け取ることができる絵や図版が用いられているため，意図的な反応が生じにくいという利点があります。その一方，検査の実施に時間がかかることや検査結果の解釈には十分な経験が必要です。

投影法による代表的な検査として，ロールシャッハ・テスト，TAT（絵画統覚検査），PFスタディ（絵画欲求不満検査）等があります。

①ロールシャッハ・テスト

スイスの精神科医ロールシャッハによって考案された検査で，インクのしみのような左右対称の図版（図9-3）

図9-3　インクしみの例

Keyword：投影法　ロールシャッハ・テスト

を見せて、何に見えるかを回答することによって、パーソナリティをとらえようとする検査です。この検査は幼児から成人まで適応できます。

②TAT（絵画統覚検査）

アメリカの心理学者マレーとモーガンによって考案された検査で、あいまいな人物の図版を見せて、自由に物語をつくって話してもらいます。その物語の内容を解釈することによって、個人の欲求や葛藤状態、人間関係などをとらえようとする検査です。

③PFスタディ（絵画欲求不満検査）

ローゼンツヴァイクによって考案された検査で、2人の登場人物がやりとりしている場面の絵を見せて、次にその登場人物が口にすると思うセリフを想像して吹き出しに書き込んでもらうという検査です（図9－4）。2人の間で何らかのフラストレーションが生じている場面が選ばれているため、どのようなセリフを書くのかによって、その人のパーソナリティをとらえようとする検査です。

図9－4　P-Fスタディ®の例
（青年用紙）

注：本検査の著作権は株式会社三京房に帰属します。

（3）作業検査法

作業検査法は、調査対象者に一定の作業をしてもらい、その作業過程の特徴からパーソナリティを測定するものです。作業検査法で代表的なものとし

Keyword：TAT（絵画統覚検査）　PFスタディ（絵画欲求不満検査）　作業検査法

て，**内田クレペリン精神作業検査**があります（図9－5）。1桁の数字を隣同士で加算していき，1分ごとに行を替えて下の行に進み，同じ作業を繰り返す。それを15分間行った後，5分休憩し，また15分間続けます。足し算の作業量の変化や作業の内容からその人のパーソナリティをとらえようとする検査です。

```
5 7 9 4 6 7 4 8 3 7 5 4 9 7 3 9 5 3 8 9 4 3 6 4 8 7 9 6
 2 6 3 0 3 1 2 1 0 2 9 3 6 0 2 4 8 1 7 3 7 9 0 ②
7 3 8 5 6 9 4 6 3 9 3 7 8 5 4 6 8 7 4 3 5 9 7 8 6 4 5 8
 0 1 3 1 5 3 0 9 2 2 0 5 3 9 0 4 5 1 7 8 4 6 ⑤
9 6 7 5 7 4 3 5 6 8 9 5 4 8 7 9 3 6 5 7 3 8 4 9 7 3 6 8
 5 3 2 2 1 7 8 1 4 7 4 9 2 5 6 2 9 1 2 ⓪
4 8 6 9 5 7 4 3 8 7 5 6 7 8 4 5 3 9 7 4 7 9 8 6 5 4 9 7
 2 4 5 4 2 1 7 1 5 2 1 3 5 2 9 8 2 6 1 1 6 ⑦
5 8 7 3 4 9 7 5 6 3 8 9 5 7 8 6 9 8 3 6 3 5 7 8 4 5 9 3
 3 5 0 7 3 6 2 1 9 1 7 4 2 5 4 5 7 1 9 9 ⑧
```

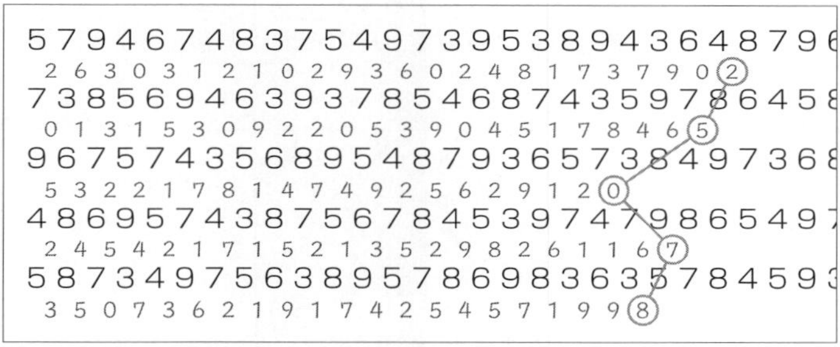

図9－5　内田クレペリン検査の例

（4）面接法

　面接法は，調査対象者と直接会って話をすることでパーソナリティをとらえようとする検査です。面接法には，**構造化面接**，**半構造化面接**，**非構造化面接**に分けられます。

　構造化面接は，始めに質問項目を決めておき，同じ順序と言葉づかいで質問します。半構造化面接は，就職試験等の面接で用いられている方法です。すでに提出された履歴書やエントリーシートなどの情報から質問の内容を決めておきますが，対象者によって質問の仕方を変えます。非構造化面接は，カウンセリング場面等で用いられる方法で，質問の内容や方法は面接者に任せられます。

Keyword：内田クレペリン精神作業検査　面接法　構造化面接　半構造化面接　非構造化面接

*R*eview

復習課題

1. 子どものパーソナリティを把握することは，教育の場面でどのように役立つと思いますか。自分の考えをまとめてみましょう。
2. フロイトが提唱した精神分析学の「イド」「自我」「超自我」，それぞれの特徴をまとめてみましょう。
3. 表9-2の「防衛機制」の中で，あなたがよく行っているものはどれでしょうか。今までの生活を振り返りながら考えてみましょう。
4. パーソナリティの測定方法について，それぞれの特徴をまとめてみましょう。

*K*eybook

引用・参考文献

新井邦二郎編著（2000）図でわかる学習と発達の心理学　福村出版　71-82
Freud, S.著　古澤平作訳（1969）続精神分析入門　日本教文社
南博（1995）心理学がわかる事典　日本実業出版社
宮城音弥（1960）性格　岩波新書
櫻井茂男編著（2017）改訂版たのしく学べる最新教育心理学　図書文化　139-153
清水弘司（1998）はじめてふれる性格心理学　サイエンス社
丹野義彦（2003）性格の心理学　サイエンス社
谷口朋子・廣瀬英子編著（2017）育ちを支える教育心理学　学文社　10-16

Column 6

エゴグラムを活用した自己分析

　みなさんは人との関わりの中で,「周りの目が気になり,嫌われるのが怖い」,「周りの言うことに流されやすく,自分の意見が言えない」等と感じたことはありませんか。こうした問題を抱えていると人と関わることが億劫になってしまいます。では,良好な人間関係を形成するためには,どのようにしたらよいでしょうか。

　アメリカの精神科医エリック・バーン（E. Berne）は,個人の成長にともなうパーソナリティの違いや人間関係における心理療法として,交流分析（transactional analysis）という理論を提唱しています。交流分析では,人は「親（perent = P）」,「大人（Adult = A）」,「子（Child = C）」の3つの自我状態があるとされ,個人によって3つの各自我状態の強さが異なると考えられています。

　また,J.M.デューイは交流分析のとらえ方をもとに,エゴグラム（egogram）というパーソナリティ診断テストを開発しました。エゴグラムでは,人のパーソナリティを「厳しい心:CP・優しい心:NP・大人な心:A・自由奔放な心:FC・従順な心:AC」に分けて分析し,グラフ化します。個人のパーソナリティがグラフ化されることで,自分の自我状態における長所や短所が一目で把握しやすくなります。

　エゴグラム等のパーソナリティ診断テストを積極的に活用することは,自分のパーソナリティ特性を客観的に知ることができるだけでなく,人間関係でのトラブルのパターンを明らかにしたり,その特性が生かせる人間関係のあり方を考え直したりするきっかけとなる等,よりよい社会生活を営むうえで大切であると考えます。

第II部
教育現場での実践的問題

Lesson 10

学習指導の心理学

　みなさんは今までに受けてきた授業の中でどんな授業が印象に残っているでしょうか。授業の方法はさまざまなものが開発され，教える内容や児童・生徒の実態にあわせて実施されています。Lesson10では，どのような授業が子どもたちの学習意欲を高め，どのような教え方をすると教育効果が上がるのか，今の子どもたちに求められる学力の特徴と関連づけて考えていきたいと思います。

Prep
予習課題

1. 児童・生徒にとってよい授業とはどんな授業でしょうか。先生にとってよい授業とはどんな授業でしょうか。考えてみてください。
2. 日本の子どもたちの学力の特徴について，調べてみましょう。
3. 授業の形態には，児童・生徒の数が多い順に，一斉学習，グループ学習，個別学習があります。今までの学校生活で，一斉学習，グループ学習，個別学習はどんなときに行われたか，思い出してください。

1．これからの子どもたちが身につけるべき学力

学校教育法第30条第2項には，「（小中高校生の）生涯にわたり学習する基盤が培われるよう，基礎的な知識及び技能を習得させるとともに，これらを活用して課題を解決するために必要な思考力，判断力，表現力その他の能力をはぐくみ，主体的に学習に取り組む態度を養うことに，特に意を用いなければならない」と書かれています。

文部科学省は2017年以降，小学校で2020年度，中学校で2021年度，高等学校で2022年度から完全実施される学習指導要領を公示しました。この学習指導要領では，人工知能（AI）やロボットといった機械が，産業を大きく変革していく，いわゆる第四次産業革命の時代を見すえ，小中高校生に，予測不能な変化に対して柔軟に対応できる「**生き抜く力**」を育むことが掲げられています（図10－1）。

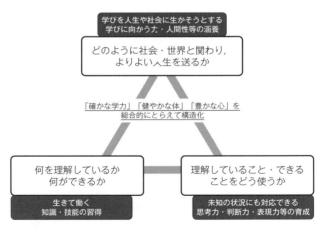

図10－1　生き抜く力（平成27年度文部科学白書より）

Keyword：生き抜く力→p.245

藤村（2012）は，高校１年生を対象とした**生徒の学習到達度調査（PISA）**（図10-２），小中学生を対象とした**国際数学・理科教育動向調査（TIMSS）**（図10-３），小中学生を対象とした**全国学力・学習状況調査**の結果を認知心理学の視点から分析し，日本の子どもは，手続き的知識やスキルをあてはめること（できる学力）は得意だが，概念的理解やそれに関連する思考プロセスを表現すること（わかる学力）を苦手としていることを指摘しています。そして，前者は繰り返し（反復）によって，後者はすでにもっている知識と

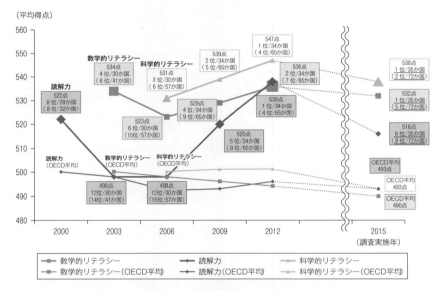

図10-２　PISAの平均得点，順位の推移（国立教育政策研究所「OECD生徒の学習到達度調査（PISA2015）のポイント」より）

Keyword：生徒の学習到達度調査(PISA)→p.250　国際数学・理科教育動向調査(TIMSS)→p.247　全国学力・学習状況調査→p.250

新しい知識を関連づけ，物事をとらえる枠組みを変えていくことによって形成されると主張しています（図10－4）。これは生き抜く力の知識・技能の習得，思考力・判断力・表現力等の育成と対応していると言えます。

		1995		1999		2003		2007		2011		2015
小学校4年生	算数	567点（3位／26か国）		（調査実施せず）	有意差なし	565点（3位／25か国）	有意差なし	568点（4位／36か国）	有意に上昇	585点（5位／50か国）	有意に上昇	593点（5位／49か国）
	理科	553点（2位／26か国）		（調査実施せず）	有意に低下	543点（3位／25か国）	有意差なし	548点（4位／36か国）	有意に上昇	559点（4位／50か国）	有意に上昇	569点（3位／47か国）
中学校2年生	数学	581点（3位／41か国）	有意差なし	579点（5位／38か国）	有意に低下	570点（5位／45か国）	有意差なし	570点（5位／48か国）	有意差なし	570点（5位／42か国）	有意に上昇	586点（5位／39か国）
	理科	554点（3位／41か国）	有意差なし	550点（4位／38か国）	有意差なし	552点（6位／45か国）	有意差なし	554点（3位／48か国）	有意差なし	558点（4位／42か国）	有意に上昇	571点（2位／39か国）

図10－3　TIMSSの平均得点，順位の推移（国際数学・理科教育動向調査（TIMSS）の調査結果より）

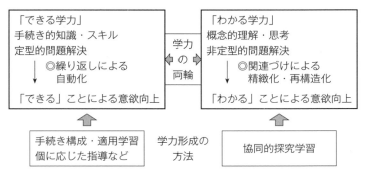

図10－4　学力の心理学的モデル（藤村，2012より）

2．主体的・対話的で深い学び

（1）学習指導要領の改訂

　前節で説明したように，2017年度より学習指導要領が順次改訂され，小学校の外国語活動が拡充されたり，道徳が教科化されたり，高等学校で複数の科目（たとえば公共）が新設されたりと，教科や科目の大きな変更がなされます。その中では，PISAの結果を踏まえ，国語で言語表現能力の育成に力を入れたり，算数・数学で統計教育を充実させたりといった，教える内容の変化が示されています。そして学習指導の方法についても，知識の定着だけでなく，知識を活用して探究活動を行う「**主体的・対話的で深い学び（Active Learning）**」を全教科で充実させるという方向性が示されました。

（2）知識の定着から活用へ

　みなさんが今までに受けてきた学校での授業を振り返ってみてください。図10-5は小学校5年生で習う台形の面積に関する授業のイメージです。

　多くの人は上の図のように，先生が黒板に書いた板書をノートに写すような授業が多かったのではないでしょうか。しかし，今回示された主体的・対話的で深い学びは，学ぶことに興味・関心をもち（主体的），子ども同士の

図10-5　課題解決型授業のイメージ（主体的・対話的で深い学び）

Keyword：主体的・対話的で深い学び(Active Learning)→p.248

協働，先生との対話，教科書の内容などを手がかりに，自らの考えを広げ，深め（対話的），さまざまな見方や考え方を働かせて思考・判断・表現し，学習内容を深く理解する（深い）という学び方です。今後は，必要に応じてタブレット端末などの情報機器を用いて，先生に教わるだけではなく，自らが考える，他の子どもや先生と議論することなどにより，知識を獲得し，理解を深めていけるような授業を組み立て，行うことが求められます。

3．教授学習過程と適性処遇交互作用

（1）学習とは「適性」と「処遇」の交互作用

　教授学習過程に大きな影響を与えた概念に，クロンバックら（1977）の「**適性処遇交互作用（Aptitude Treatment Interaction：ATI）**」があります。これは，「適性」（学力やすでにもっている知識，性格，態度，興味・関心，学習スタイルなど）と「処遇」（学習指導の手法，課題，教師の関わり方，カリキュラム，学習環境など）が相互に影響しあい，学習効果に違いが生じるというものです。

　たとえばスノーら（1965）は，大学生に物理学の授業を行う場面で，教師が学生に直接説明しながら，実験をやって見せる方法と，事前に撮影しておいたVTRを使い，その映像を流すことによって実験を教える方法の効果の違いを検討しました。その結果，外交的な学生は教師からの直接指導が，逆に内向的な学生ではVTR（映像）による指導が好成績であることが示されました（図10-6）。

Keyword：適性処遇交互作用（Aptitude Treatment Interaction：ATI）

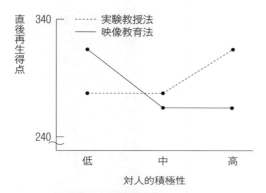

図10−6　教授法と生徒の適性との交互作用
（Snow et al., 1965より作成）

（2）さまざまな学習指導の形態

　他にもATIを裏づける研究結果や実践報告は数多くありますが，こうした報告は，すべての人間に等しく最適な教授法はないこと，学習者のもつ適性によって効果的な授業方法が異なることをあらわしています。このことからも，可能な限り児童・生徒1人ひとりにあった授業方法が取り入れられる必要があるといえます。学習指導の形態には**一斉学習**，**グループ学習**，**個別学習**などがあり，これらが組み合わされて授業が構成されています。教師1人に対して児童・生徒が多数いる指導形態が一斉学習です。教師と児童・生徒が1：1である指導形態が個別学習です。その間に位置する少人数での学習形態はグループ学習と呼ばれ，それぞれに長所短所があります（表10−1）。
　また，数名の教師がチームをつくり，複数学級の生徒を弾力的にグループ分けしながら行ったり，学級担当の教師が進める授業に，その教師とチームを組む他の教師が入り，生徒の習熟度などにあわせて担当教師をフォローしつつ行う**チーム・ティーチング**（Team Teaching：TT）と呼ばれる形態も

Keyword：一斉学習　グループ学習　個別学習　チーム・ティーチング

表10-1　「一斉学習」「グループ学習」「個別学習」の特徴

	一斉学習	グループ学習	個別学習
長所	・効率よく学力をつけさせることができる ・手間，費用が比較的かからない ・系統だった学習になりやすい	・1人ひとりが学習活動に参加しやすくなる ・互いの考えを深められる ・主体的に活動に参加しようとする意欲が生まれる	・1人ひとりの能力，特徴，意欲に応じた方法で個々に応じた指導ができる
短所	・教師主導になりやすい ・児童・生徒が受け身になりがち	・児童・生徒の人間関係に影響を受けやすい ・一部の児童・生徒に過重な負担が生じる可能性がある ・児童・生徒の興味・関心に偏る可能性がある	・手間，費用がかかる

あります。学級には多様な児童・生徒がいますので，ATIの観点からも，これらの指導形態を組みあわせることが重要です。

4．特徴的な教授学習法，指導形態

（1）発見学習と受容学習

　オースベルとロビンソン（1984）は，認知心理学の知見をもとに，学習を「受容学習―発見学習」「有意味学習―機械的学習」の2つの次元で分類しました（表10-2）。
　「受容学習―発見学習」は学習内容について，最終的に児童・生徒に提示されるのか，児童・生徒自身が発見するのか，という違いがあります。「有意味学習―機械的学習」は知識の習得について，自分が今もっている知識に

表10-2 発見学習と受容学習

	有意味	機械的
発見	有意味発見学習	機械的発見学習
受容	有意味受容学習	機械的受容学習

関連させて，意味づけるのか，関連なしに覚えようとする（つまり丸暗記する）のか，という違いがあります。

たとえば，「三角形の内角の和は180度である」という学習内容の場合を考えてみましょう。それを直接教える場合は**受容学習**です。三角形の角度を測る活動などを通じて，内角の和が180度となることを自力で発見させる場合には**発見学習**となります。また，「錯角，同位角は等しい」というすでに学んだ内容を思い起こして，三角形の内角の和は180度となることを示せる場合には**有意味学習**です。「理由はよくわからないが，とにかく三角形の内角の和は180度だ」という理解の仕方は**機械的学習**といえます。

（2）先行オーガナイザーの役割

一般に，児童・生徒にとって有意味な学習が起こるようにするためには，受容学習であっても，発見学習であっても，児童・生徒が学習内容を何らかの形で，自分がすでにもっている概念に関連づけることが重要になります。そのために，児童・生徒が学習内容のどんなところに，どのように注目すればよいか，ヒントをあらかじめ提示すると関連づけがしやすくなり，これを**先行オーガナイザー**と呼んでいます。先行オーガナイザーは**有意味受容学習**において効果を発揮するとされます。授業だけでなく，教科書や参考書などを作成する際にも利用されています。

Keyword：受容学習　発見学習　有意味学習　機械的学習　先行オーガナイザー
→p.250　有意味受容学習→p.254

(3) さまざまな教授学習法

近年では，行動主義心理学や認知心理学の知見を踏まえて，さまざまな教授学習法が提案され，実践がなされています。行動主義心理学を基礎とした代表的な教授学習法に**プログラム学習**（図10-7）があります（Lesson 6 参照）。

プログラム学習は基本的な知識を強化することでより高次な知識を獲得させることを目的としています。学習の到達目標に至るまでのステップを小刻みに設定し（スモールステップ），児童・生徒の自発的な反応に対して（積極的反応），すぐにフィードバックを行いながら（即時フィードバック），1人ひとりに適したペースで指導を行っていく（学習者ペース）という4つの原理にもとづいた指導法です。タブレット端末やPCなどの情報機器などが用いられます。

また，認知心理学を基礎とした代表的な教授学習法には，前述した発見学習，有意味受容学習の他に，**ジグソー学習**（図10-8）や**バズ学習**があります。

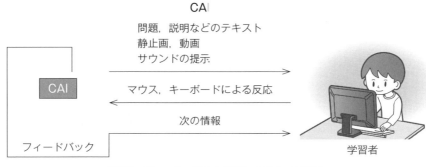

図10-7　プログラム学習（CAI）の実際

Keyword：プログラム学習　ジグソー学習　バズ学習

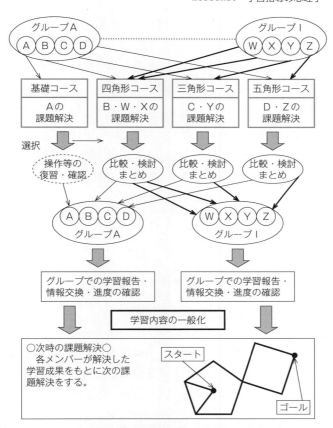

図10−8　ジグソー学習の手法を取り入れた問題解決的な学習の展開（茨城県教育研修センター「研究報告書第48号」より）

　ジグソー学習は，1つの学習内容をテーマごとに分割し，学習者がそれぞれのテーマごとに分かれ，協力して調べ学習に取り組み，わかったことをもちよって，互いに紹介しあって，ジグソーパズルを解くように全体像を協力して浮かび上がらせる手法です。児童・生徒の関わりあいが促進される，関

わりあいを通して1人ひとりが学びを深めることができる，などの特徴があります。

バズ学習は，授業の途中に少人数による話しあい活動（これをバズ・セッションと呼びます）を取り入れた教授学習法です。多人数の中ではほとんど発言せず，受け身になってしまう児童・生徒でも，かなり自由に積極的に発言でき，学習活動に参加することができます。そして習得の遅い児童・生徒は，わからないところや疑問に思うところを仲間に気楽に聞けるので，学習が改善される一方で，習得の早い児童・生徒も，教えることで自分の知識習得の質が一層高まると考えられます。

5．授業をつくる

（1）学習指導案とアディーモデル

教師は教育目標や各教科の単元内容にもとづき，また児童・生徒の実態にあわせて，教材と教授方法の組み合わせを考え，授業を組み立てます。それは「**学習指導案**」として具体化され，授業が行われます（図10－9）。

授業を組み立てる基本となる考え方に**アディーモデル**（ADDIE Model）があります。これは「Analysis（分析）」「Design（設計）」「Development（開発）」「Implement（実施）」「Evaluation（評価）」の5つで構成され，いわゆるPDCAモデルを教育現場にあうように進化させたものといえます（図10－10）。この図に示されるように，アディーモデルでは，分析，設計，開発，実施，評価の5つが循環することで，よりよい授業がつくられていくことになります。

しかし，同じ学習指導案を作成したとしても，個々の教師の教授スキルに

Keyword：学習指導案→p.246　アディーモデル

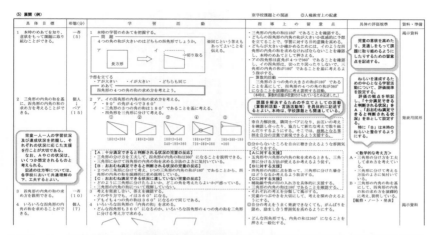

図10-9 算数科の学習指導案の例（栃木県塩谷南那須教育事務所「学習指導案例」より）
http://www.pref.tochigi.lg.jp/m55/system/desaki/desaki/documents/23-3.pdf

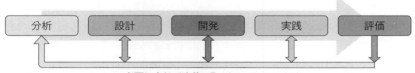

必要に応じて改善　Revise as needed

分析（Analyze）	児童・生徒の特性や前提知識，教える内容を分析し，目標を明確にする。
設計（Design）	教える内容の見取り図を作り，目標を具体化する。
開発（Development）	単元の計画，授業の流れをまとめ，教材や学習環境を準備する。
実施（Implement）	用意した教材を使って実際に授業などを行う。
評価（Evaluation）	授業の振り返りをする。

図10-10　ADDIEモデル（GAGNE, R.M., et.al., 2005より）

より，児童・生徒の学習成果や学習意欲は異なってしまいます。よって教師には，児童・生徒の関心や好奇心を喚起したり，努力と工夫次第でやりとげられることを実感させたり，やってよかったと満足感が得られるような工夫が求められます（Keller, 2009）。さらに教師の役割として，児童・生徒がノートの書き方などの授業スキルを身につけられるようにすること，適切な教材を作成する技術，発問とフィードバックの仕方なども重要です（藤谷，2013）。

（2）教えて考えさせる授業

　「主体的・対話的で深い学び」という言葉が示すように，2020年から改訂実施の学習指導要領では，児童・生徒が主体的，能動的に授業に取り組み，知識を獲得し課題を解決していく授業形態が望ましい授業だとされています。しかし，単純に教師が知識を伝える授業がよくない，発見学習のように自力発見，自力解決がよい，とはいえません。教えることに偏り過ぎず，考えさせることにも偏り過ぎず，これらのバランスをとることによって「深い学び」が成立します。

　市川（2008）は，基本的な概念や法則は教科書を使って教師が教え，それらを適用して課題を解決する活動は児童・生徒が主体となって行う「**教えて考えさせる授業**」を提案しています。基礎となる知識は課題解決のための前提となることから，教師が教えることは悪いことではないし，無理に児童・生徒に発見させなくともよく，それらを使った問題解決が主体的になされれば，知識は定着し，深化していくと考えられます。これからの学校では多様な授業展開がなされることになります。そのとき，どのように教えることが，児童・生徒の知識の定着・深化に最もつながるかを考えることが大切です。

Keyword：教えて考えさせる授業

*R*eview

復習課題

1. 生き抜く力について説明してみましょう。
2. 主体的・対話的で深い学びについて具体的に説明してみましょう。
3. 小中高等学校の教科書や参考書を読み，先行オーガナイザーが用いられている箇所を調べてみましょう。
4. みなさんが先生になったとき，どのような授業をすることが理想ですか。今回扱った内容を踏まえて，説明してみてください。

*K*eybook

引用文献

文部科学省（2016）平成27年度　文部科学白書

藤村宣之（2012）数学的・科学的リテラシーの心理学　子どもの学力はどう高まるか　有斐閣

国立教育政策研究所（2016）OECD生徒の学習到達度調査（PISA2015）のポイント http://www.nier.go.jp/kokusai/pisa/pdf/2015/01_point.pdf（2018.7.7）

Cronbach, L.J. & Snow, R.E.（1977）*Aptitudes and instructional methods: A handbook for research on interactions*. New York: Irvington.

Snow, R. E., Tiffin, J., & Seibert, W. F.（1965）Individual differences and instructional film effects. *Journal of Educational Psychology*, 56, 315-326.

Ausubel, D. P., & Robinson, F. G.（1969）School learning: An introduction to educational psychology. New York: Holt, Rinehart and Winston.（オースベル，D. P.・ロビンソン，F. G. 吉田彰宏・松田彌生訳（1984）教室学習の心理学　黎明書房）

茨城県教育研修センター（2004）研究報告書第48号

栃木県教育委員会事務局塩谷南那須教育事務所（2011）塩谷南那須の教育 http://www.pref.tochigi.lg.jp/m55/system/desaki/desaki/documents/23-3.pdf（2018.7.7）

GAGNE, R.M., WAGER, W.W., GOLAS, K. C., & KELLER, J. M.（2005）. *Principles of instructional design（5th Ed.）*. Wadsworth/ Thomson Learning.（R.M.ガニェ, W.W.ウェイジャー, K.C.ゴラス, J.M.ケラー. 鈴木克明・岩崎信監訳（2007）インストラクショナルデザインの原理　北大路出版）

Keller, J. M.（2009）*Motivation Design for Learning and Performance; The ARCS Model Approach*. New York : Springer SBM.（鈴木克明監訳（2010）学習意欲をデザインする―ARCSモデルによるインストラクショナルデザイン―　北大路書房）

藤谷智子（2013）教育方法　224-243　安藤寿康・鹿毛雅治編　教育心理学――教育の科学的解明を目指して　慶應義塾大学出版会

市川伸一（2008）「教えて考えさせる授業」を創る―基礎基本の定着・深化・活用を促す「習得型」授業設計　図書文化

Column 7

学力調査

　日本では毎年，小学6年生と中学3年生を対象に「全国学力・学習状況調査」が行われています。国語と算数・数学では，主に知識を問うA問題と，主に活用の力を問うB問題（図10-11）が出題されていますが，文部科学省は2019年度からA・B問題を統合する方針です。2017年度からの新しい学習指導要領を受けて，知識と活用を一体的に問う形で調査を行うことにしています。

　　　たか子さんは，おつかいに行きます。

(1)　まず，トマトを7個買います。お店では，トマトを次のように売っていました。

　　トマト7個の代金が最も安くなる買い方を，下の1から4までの中から1つ選んで，その番号を書きましょう。また，その買い方をしたときのトマト7個の代金を書きましょう。

　　1　1個入りパックを7つ買う。
　　2　2個入りパックを3つと，1個入りパックを1つ買う。
　　3　2個入りパックを2つと，3個入りパックを1つ買う。
　　4　3個入りパックを2つと，1個入りパックを1つ買う。

図10-11　小学6年生算数B問題の例（2015年度）

　たとえば文科省が作成した算数のサンプル問題（図10-12）は，1〜3個入りのトマトのパックをどのように組み合わせれば，最も安く7個を買えるかを問うものです。2015年度には同じ問題に選択肢で答えさせましたが（図10-11），サンプル問題では児童同士の会話から思考させ，解答も記述式にしてあります。

お店に着いたたか子さんたちは、トマト7個を買うことにしました。

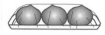

1個入りパック	2個入りパック	3個入りパック
100円	180円	270円

たか子

1個入りパックを7つ買うと700円ですね。

さとみ

2個入りパックや3個入りパックを使うと、もっと安く買えそうですよ。

たか子

それでは、どのような買い方があるのか考えてみましょう。

たか子さんの考え　　　　　さとみさんの考え

2個入りパックを3つと、 1個入りパックを1つ買うと 180×3＝540、540＋100＝640 だから、640円になります。	3個入りパックを2つと、 1個入りパックを1つ買うと 270×2＝540、540＋100＝640 だから、640円になります。

さとみ

代金が同じになりましたね。代金がもっと安くなる買い方はないのかな。

(2) トマト7個の代金が最も安くなる買い方を書きましょう。また、その買い方をしたときのトマト7個の代金を書きましょう。

図10−12　文部科学省のサンプル問題（2019年度〜／小学6年生算数）

　実はB問題の正答率がA問題の正答率を上回ったことは一度もありません。思考力などの応用力が伸び悩む状況は長年指摘されています。今回の学習指導要領の改訂が、子どもの応用力向上に資する指導法の開発につながることが望まれます。

Lesson 11

学級集団と学級経営

　大学生に対して「学校で楽しかった思い出は何ですか」と質問すると，クラスのみんなで協力して取り組んだ文化祭などの行事や，友だちや先生と一緒にクラスで取り組んだ学級活動をあげる人が多いです。学校生活では学習だけではなく，友だちとの関わりや先生との触れあいなどから，たくさんのことを学んでいるようです。
　Lesson11では，学級集団のもつ教育的な意義とその集団を育てる学級経営について考えてみましょう。

Prep

予習課題

1．小学校，中学校時代の行事や学級活動が，印象深く記憶に残るのはどうしてでしょうか。考えてみましょう。
2．居心地のよい学級と居心地の悪い学級の違いはどんなところにあるのでしょうか。10項目考えてみましょう。
3．学級担任として，いじめのない誰もが安心して過ごせる学級をつくるにはどうしたらよいと思いますか。考えたことを友だちや周りの人と話し合ってみましょう。

1．学級集団と子ども

(1) 群集から組織，集団へ

　子どもたちが集まれば「学級集団」になるのでしょうか。電車に乗ろうとしてホームに集まっている人々や，スポーツ観戦などでスタジアムに集まった多くの観客，事故の現場で群がっている野次馬などは「群集」といいます。こうした見ず知らずの大勢の人が集まった状態では，群集心理が働いて，ときには冷静さを失ってパニックになったり，深く考えずに短絡的な行動をとったりすることもあります。学級集団はどうでしょうか。たまたま同じ一定の地域に住んでいて，同じ年齢ということで一緒になった学級の子どもたちは，初めは群集に近い人の集まりかもしれません。

　しかし学校生活がスタートするとすぐに担任の先生は座席を決めるだけでなく，当番（日直，給食など）や係（新聞，掲示など）などの「役割」を決めます。日本の学校では授業だけではなく，子どもたちと先生が一緒に給食を食べたり，清掃活動をしたりして，生活をともにするために必要だからです。また，学級会で話しあったり先生が決めたりして，学級生活に必要な「ルール」を設定します。これが集団になるための第一歩です。そして，どんな学級にしたいのか，どんな学級になりたいのかを話しあって，学級の「目標」を掲げます。

　「役割」と「ルール」と「目標」がある人々の集まりを「組織」と言います。一般の会社では役職があって，売り上げ目標があり，働き方の決まりがあります。これが「組織」です。ところが学級ではこの組織の3要素があっても子どもたちは成長しません。ルールを破ったり役割を遂行したりせずに，次第に学級は荒れていき，いわゆる学級崩壊に陥る可能性があります。

楽しくて安心できて，所属感の感じられる学級にするには，組織の3要素に加えて，「感情の交流」が必要なのです。喜びや悲しみをともにできる仲間と先生，切磋琢磨して学びあえる仲間。感情の交流がこうした理想の人間関係を生み出すのです。したがって組織はある目的のためにつくられた手段ですが，「集団」は集団になること自体が教育の目標になるとも考えられます。

（2）集団になってもいじめは起きる

学級集団を心理学的に学ぶには，社会心理学の研究成果が参考になります。ラタネとダーリー（1970）は実験によって，周囲に多くの人がいるほど，人は援助行動をしない傾向があることを見出しました（p.175のコラム⑧参照）。これを**傍観者効果**といいます。つまり周りにたくさんの人がいるから誰かが助けてくれるだろうという責任分散の考えや，援助行動をしたときにおせっかいと思われるのではないかと，人からの評価を気にする評価懸念の思いなどが人を傍観者にするのです。

たくさんの傍観者がいる学級集団の中で起きるいじめを，傍観者効果の視点で考えてみることが必要です。つまりいじめ問題が起こったときに，周囲の仲間たちは，どうすべきなのか。援助行動が取れないのはなぜなのか，どんな学級集団なら「いじめはやめろよ」と言い合えるのかを，考えないといけません。

（3）集団圧力と同調行動

学級集団の中では同じ価値観や態度，行動などをとらせようとする心理的な力，つまり**集団圧力**が生じます。たとえば自分の考えが他の仲間たちと違っているような場合，自分だけが外れるのを避けて，足並みをそろえるた

Keyword：傍観者効果　集団圧力

めに自分の意見を変えてしまいます。「みんなと同じ」ことで安心感が得られるのです。このような行動を**同調行動**といいます。アッシュ（1951）の同調実験（p.176のコラム⑨参照）からもわかるように，集団成員として期待される態度や行動と，個人の価値観にもとづく行動が食い違うときに同調行動は起きますが，ときには他の人の意見に引きずられて，自分の判断が信じられなくなる場合もあります。

　子どもが自分の親や好きな先生のまねをする「同一化」や，よい価値観や行動を完全に取り入れてしまう「内面化」などは，同調行動の一面です。したがって同調行動のすべてをネガティブにとらえる必要はありません。

（4）準拠集団とは何か

　集団が個人に与える影響を考えるには，他の理論も参考にした方がよいでしょう。ある人にとって，その人の所属する集団がもつ価値観や信念，態度，行動様式などが，その個人に強い影響を与えていることがあります。集団が個人に対して「かくあるべき」との規範を課すととらえることもできます。

　「自分は〇〇中学校の生徒だから，赤信号はちゃんと止まろう」と考えて行動すれば，その生徒は〇〇中学校という集団の価値感や態度，行動様式に準拠していると考えるのです。授業をサボって非行に走り，非行集団の一員となっている生徒は，非行集団の中では悪さをすることが賞賛され，力が認められるのです。したがって学校や学級集団では認められませんが，非行集団の中では居心地がよく，自分にとっての準拠集団となっているのです。

　高校受験の緊張時に「学級の集合写真を見て落ち着いた」とか，不安なときに「学級の仲間のことを思い出すと安心する」と言った中学生がいました。こうした気持ちになれるのは，その人にとって学級集団がよい意味で準拠集団になっているのでしょう。

Keyword：同調行動

2. 学級集団のアセスメント

　学級の中でいじめが起きる，グループ化が進む，不登校になる，居場所のない子どもがいる……。学級集団の中で子どもたちは何を体験しているのでしょうか。1人ひとりの状態や子ども同士の関係性，集団全体としての凝集性などを把握することは，学級経営の観点から大切なことです。教師による観察は子どもと生活をともにする教員にとって有効なアセスメントの方法です。しかしその具体的な観察の仕方は各教師の熱意と努力に任されており，的確な指導・支援が行われない場合もあります。各学級集団の状態を学年会や研究会で共通理解して，協働して学級集団を育成するという観点からも，客観的なアセスメントの方法が必要です。

（1）楽しい学校生活を送るためのアンケートQ-U

　河村（1995）が開発した「Q-U」は，「居心地のよいクラスにするためのアンケート（学級満足度尺度）」と，「やる気のあるクラスをつくるためのアンケート（学校生活意欲尺度）」から構成されています。学級満足度尺度では学級内での居場所の有無（承認尺度）と，いじめなどの侵害行為を受けていないか（被侵害尺度）の2つの下位尺度から構成され，学級に対する満足度や学級集団の状態の理解のために活用されます。10問から20問ほどの質問に答えることで承認得点と被侵害得点が算出され，図11-1，11-2のように学級全員の位置がプロットされます。

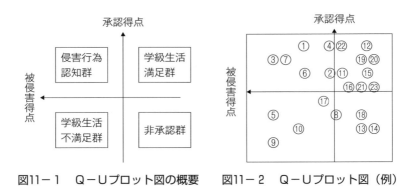

図11-1　Q-Uプロット図の概要　　図11-2　Q-Uプロット図（例）

　学級生活満足群は承認得点が高く被侵害得点が低いので，不適応感やトラブルも少なく，意欲的に取り組んでいる子どもです。非承認群は承認得点が低く，かつ被侵害得点も低いので，不適応感を感じて学級内で認められることが少なく，意欲の低い子どもです。侵害行為認知群は承認得点は高く，かつ被侵害得点も高いので，自主的に活動はしていますが自己中心的な面があり，対人関係でトラブルを抱えている可能性が高いです。学級生活不満足群は承認得点が低く，被侵害得点は高いので，いじめや悪ふざけを受けて不適応になっている可能性が高い子どもです。この得点傾向が高い位置にプロットされた子どもは「要支援群」と呼ばれ，すぐに支援が必要とされています。

　学級集団の全体像は図11-3のように典型的なパターンを参考にします。満足型の学級は活動的で信頼関係に支えられて楽しい学級生活が送られているでしょう。先生との関係もよいでしょう。崩壊型は多くの子どもが学級生活に不満を感じており，いじめやトラブルを抱える子どもが多くを占めています。縦伸型の学級は，教師には大きなトラブルもなく比較的まとまっているように見えますが，活気がなく意欲のない子どもも目につきます。横伸型の学級は，教師には活気があり自由な雰囲気に見えますが，ときに騒がしく，

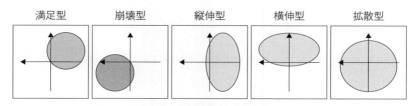

図11-3　Q-Uによる学級集団の典型パターン

トラブルも起きやすいです。拡散型の学級は，教師は全体としてうまくやれているると映るかもしれませんが，集団としてのまとまりが薄く，子ども同士の関わりは希薄な分，トラブルも少ないように見えます。

（2）ゲスフーテスト

　ある特性に関して具体的な場面を提示し，あてはまる児童生徒の名前を書かせます。たとえば「誰ともよく協力するのは誰ですか」，「勝手なことばかりするのは誰ですか」など，子どもたち相互の評定によって，教師の目に留まりにくい性格・行動面の特徴を知るのに役立ちます。また，教師が平素見落としがちな目立たない子どもの理解にも役立ちます。よい面の項目で名前があげられた回数からよくない項目であげられた回数を引いて，行動特性の得点を求めます。得点の高い子どもは学級集団の中で社会的地位が高いとされます。実施の留意点は，よくない面の項目であてはまる子どもをあげさせることです。子どもたちの人間関係に悪影響を及ぼさないように工夫が必要です。

(3) 学校生活充実感テスト

　田上 (2010) が開発した学校生活充実感テストは，学校生活がどれだけ子どもたちの居場所になっているかを測定します。たとえば「グループや班で活動する」(クラスメイトとの関係)，「先生と一緒に遊ぶ」(先生との関係)，「授業で新しいことを勉強する」(学習意欲) などの合計12項目の質問について，「楽しい」から「楽しくない」までの5件法で回答します。結果は図11－4のように「先生との親近感」と「学習意欲」の関係，および「クラスメイトとの関係」と「学習意欲」の関係であらわされます。

　たとえば④の子どもは友だちとの関係はうまくいっていますが，授業に消極的であり，教師との親近感も低いです。この子どもの登校を支えているのは友だちとの楽しい経験にあると思われます。⑤の子どもは学習意欲は高いですが，友だちとの関係性が低く，人間関係を苦手としている可能性があります。教師との関係性もそれほど高くはないので，勉強にしっかりと取り組んでいる姿勢を，教師が評価することが大切です。

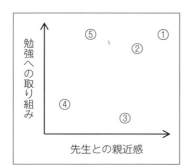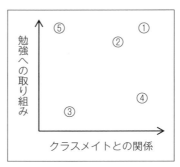

図11－4　学校生活充実感テストのプロット図（田上，2010をもとに筆者作成）

（4）ソシオメトリック・テスト

モレノ（Moreno, J.L.）によって提唱された**ソシオメトリック・テスト**は集団成員（学級の児童・生徒）の役割的な側面ではなく，心理的な作用に焦点化して「一緒に遊びたい人を3人，一緒に遊びたくない人を3人選んでそれぞれ名前を書いてください」などと質問します。その結果，誰が誰を選択しているか（選択されているか）を知ることができ，一方で誰が誰を排斥しているか（排斥されているか）も知ることができます。選択（排斥）の多さや相互に選択（排斥）しているかなど，学級集団の構造を明らかにして人間関係を調整し，学習や学級活動などを効果的に推進することをめざします。

しかし，一緒に遊びたくない人の実名を書かせるなどのネガティブな質問に答えさせることには，配慮が必要です。

3．教師の役割と学級経営

学校が楽しいのはどうしてでしょうか。「授業がわかってできないことができるようになるから」。そして「友だちと一緒に遊んだり活動したりするから」。さらには，「先生が信頼できてよいクラスをつくってくれるから」。子どもたちが学校へ行く要因を，このように分析した研究があります。この3つの要因は，学校が楽しくない理由にもなります。さまざまな発達課題を克服しながら，学習を推進する場である学級集団を，よりよく育てる意図的な営みが学級経営なのです。

Keyword：モレノ→p.243　ソシオメトリック・テスト

(1) 教師期待効果(ピグマリオン効果)と子どもの成長

　ローゼンタールとヤコブソン(1968)は,教師が子どもに対して期待感をもつだけで,実際に子どもの成績が伸びるという実験を行いました。新年度から1年生から6年生になる子どもたちに対して知能テストを実施して,その検査結果とは関係なく子どもたちをランダムに選び出し,担任教師に対して「この子たちは将来,成績が伸びるだろう」という嘘の報告をしたのです。

　半年後に実験者が再び同じ検査を実施した結果,嘘の報告によって成績が伸びると言われた子ども(実験群)の成績は,成績が上がると報告されなかった子ども(統制群)に比べ,成績が上昇しました。とくに低学年では顕著でした(図11-5)。成績が伸びると期待しただけで,本当にその子どもの成績が伸びたというこの効果を**教師期待効果**といい,**ピグマリオン効果**とも呼ばれています。

　教師が期待しただけでどうして成績が伸びたのでしょうか。その後の研究

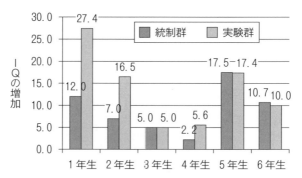

図11-5　教師期待によるIQの増加(鎌原・竹網,1999をもとに筆者作成)

Keyword:教師期待効果　ピグマリオン効果

（Brophy & Good, 1974）で，教師が期待した子どもには，期待していない子どもに対してよりも，たくさん賞賛したり，助言も多く行ったりすることが報告されています。教師は意識せずに，あるいは気づかないままこうした弁別的な行動をしてしまっていたのです。

（2）学級担任のリーダーシップ

教師が学級集団に対して及ぼす影響は，期待だけではありません。教師がどのようにリーダーシップを発揮するかは，子どもたちにとって大きな関心ごとです。三隅（1984）は教師のリーダーシップをP機能（Performance:集団目標達成機能）とM機能（Maintenance：集団維持機能）の2つの側面でとらえています。P機能は指導に関する機能で，学習成績を上げ

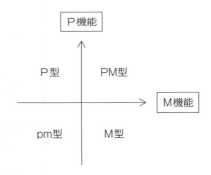

図11-6　P-M理論によるリーダーシップ（筆者作成）

たり規則にしたがわせたりする「指導」の側面です。またM機能は子どもの気持ちを受け止めたり，親和的な学級集団にまとめたりしようとする「援助」の機能です。2つの機能の組み合わせでリーダーシップのタイプを4つに分類しました（図11-6）。

PM型（P機能もM機能も高い）の教師は父性的な強い指導の中にも優しい気遣いをもちあわせています。M型（M機能が高い）の教師は母性的で強い指導はしないで細かな気遣いのできる教師です。P型（P機能が高い）の教師は父性的で一貫して厳しく指導する教師です。pm型（P機能もM機能も低い）の教師は指導性も援助性も弱く，放任タイプといえます。三隅らは

スクール・モラールとの関係を検討した結果，PM型，M型，P型，pm型の順に効果的な学級経営を行うことを見出しています。

4．学級集団づくりのためのグループワーク

(1) 構成的グループエンカウンターの活用

構成的グループエンカウンター（Structured Group Encounter：以下SGE）とは，「ふれあいと自他発見」を目的としたグループ体験です。SGEでは自己理解，他者理解，自己受容，自己主張，信頼体験，感受性の促進などをねらいとしたさまざまなエクササイズを体験することで，参加者の行動変容をめざします。一般的には教員研修などの「出会い集団」で集中的に行われ，集団としては互いのよさや思いを認めあう温かな雰囲気が醸成されます。

たとえば「私は私が好きです」というエクササイズでは，6〜8人程度のグループで，「私は私が好きです。なぜなら○○だからです」と順番に言っていきます。何巡かしたところでリーダーがストップをかけて，シェアリングに移ります。つまり今のエクササイズを体験して感じたことや考えたことを自由に語りあうのです。Aさんは「自分のいいところをたくさん見つけられて楽しかった」と言いましたが，Bさんは「私は自分のことが好きになれないので，何も言えずに苦しかった」と言いました。

ネガティブな感情は日常ではなかなか出しづらいことが多いですが，SGEではどんな感情も互いに出しあうことで，本音の交流が促進されて互いに深い気づきがもたらされます。シェアリングの最後にBさんは「自分のことを好きになれないと言えて気持ちが楽になりました。どうして好きじゃないか

Keyword：構成的グループエンカウンター

気づくことができました」と述べました。

　このようなSGEを学級で行うことにより，子どもたちの間，および子どもたちと先生との間に本音と本音の交流が促進され，ひいては信頼関係が築かれるようになります。しかし毎日同じメンバーが生活をともにする「日常集団」では，本音ばかりでは通用しません。男女の交流が促進されるようにとか，発達障害の仲間が集団に受け入れられるように，あるいはゲーム性の高いエクササイズで交流を促進させるなど，学級集団の特性と活動のねらいを明確にし，数回のエクササイズ・プログラムを構成して実施することが大切です。

（2）対人関係ゲームによる集団づくり

　不登校やいじめなどへの対応では，多くの場合，困難を抱えた子ども本人にアプローチします。本人のもっている困難や特性を修正すれば，課題は解決するという発想です。しかし田上（2017）は学級の人間関係に注目した支援が大切だと主張し，**対人関係ゲーム**による学級集団づくりを提唱しています。対人関係ゲームとは言語的・非言語的に人と関わりあう「遊び」を使って，人と人を心理的につなぐカウンセリング技法です。遊びを通してめざす集団像は，メンバーが目標を共有し，役割分担し連携をして目標を達成する集団です。またその過程でメンバーそれぞれが尊重されているという実感のある集団です。ゲームは5種類に分類されます（表11-1）。

　集団形成の過程は次の通りです。最初は「木とリス」などの「交流するゲーム」です。不安や緊張が高いと心を開いて関係することができません。声を出したり体を動かしたりして緊張を緩和します（拮抗制止）。

　人と交流できるようになったら，協力したり，助けたり助けられたりの集団体験を重ねます。ここでは「凍り鬼」などの「協力するゲーム」と，「く

Keyword：対人関係ゲーム

表11-1　対人関係ゲームの分類（田上，2017）

集団の形成	個人の尊重
役割分担し連携するゲーム くまがり／とっつあんとルパン／サッカー／二人でカンけり	**折り合うゲーム** みんなでオラージュ／集団絵画／新聞紙タワー／ストローアワー
協力するゲーム 凍り鬼／あいこじゃんけん／人間椅子／カモーン／人間知恵の輪／手つなぎ鬼	**心を通わすゲーム** 私の木／ユアストーン／別れの花束／いいとこ探し
交流するゲーム 後だしじゃんけん／ひたすらじゃんけん／じゃんけん列車／木とリス／じゃんけんパフォーマンス／ラッキーセブンじゃんけん／じゃんけんボウリング／キャッチ／探偵ゲーム／クッキーデート／足し算トーク／進化ゲーム	

まがり」などの「役割分担し連携するゲーム」を体験します。協力するゲームで人との駆け引きや人と協力する楽しさを実感し，集団との一体感を体験します。夢中になって遊ぶ体験を重ねるうちに，ゲーム参加の認知が変化してきます。「勝ってうれしかった」「負けて悔しかった」から，「負けたけどおもしろかった」「みんなと協力できて楽しかった」など，勝ち負けを超えて楽しむようになります。

うまく集団に参加できているという実感がもてると，学校生活に自信と喜びが生まれます。そして「私の木」などの「心を通わすゲーム」では，友だちに関心をもって心を掛けることを体験します。自分はみんなに受け入れられていると実感できると，自尊感情が高まり自己受容が進みます。

ところがときとして譲りあわなければならないのも集団です。「新聞紙タワー」などの人と自分と「折りあうゲーム」によって，学級集団への参加の幅が広がります。こうして発達障害や不登校など困難をもった子どもと学級の子どもたちの相互の適応感が育つことで，子どもたちの関係が親和的で信頼感に満ちた学級集団になっていくのです。

(3) その他のグループワーク

　SGEや対人関係ゲームは集団づくりのためのカウンセリング技法として活用されていますが，この他にも学級集団づくりに役立つグループワークがたくさんあります。

　プロジェクト・アドベンチャー（PA）は，ゲームを通して知りあい，協力や信頼関係を築いていき，子どもたちが自ら自分たちのクラスを創っていくことを目的にした多くのアクティビティを提案しています。

　グループ・ワーク・トレーニング（GWT）は，さまざまなトレーニングの体験によって学級集団の問題や課題に気づき，集団の中に新しい規範を打ち立て，適切な役割を果たすことができるようになることをめざします。

　ネイチャーゲームは米国のコーネル（Cornell, J.）によって開発された自然体験のグループワークです。グループで協力してゲームに参加することで，自然の魅力やしくみを知ることができます。それと同時に仲間との交流や協力体験にもなるゲームが多いため，SGEや対人関係ゲームなどにも応用されています。

　このようなグループワークにはよって立つ理論と技法がありますので，それを理解したうえで実践することが大切です。また，グループワークを実践すればよい学級集団が形成されるというわけではありません。日常的な学級活動や学校行事と関連させることが大切ですし，そして何よりも日々の授業にこうした体験が生かされて初めて，主体的・対話的で深い学びが実現されるはずです。

Keyword：プロジェクト・アドベンチャー　グループ・ワーク・トレーニング　ネイチャーゲーム

Review

復習課題

1. 温かな学級集団をつくるために，子どもたちの感情を交流させることが必要です。どのような方法が考えられますか。まとめてみましょう。
2. いじめが起きる学級集団の特徴を説明してみましょう。
3. 学級集団の状態をアセスメントする必要性を説明し，その具体的な方法を述べてみましょう。
4. 教師が学級の子どもたちや学級集団に与える影響にはどのようなものがありますか。
5. 学級集団を育てるためにはどのような方法がありますか。具体的な方法とあなたの考えを述べてみましょう。

Keybook

参考文献

碓井真史（2011）史上最強図解　よくわかる人間関係の心理学　株式会社ナツメ社

森敏明・青木多寿子・淵上克義（2010）よくわかる学校教育心理学　ミネルヴァ書房

齊藤勇（1988）図説心理学入門　誠信書房

河村茂雄・藤村一夫・粕谷賢志・武蔵由佳（2004）Q－Uによる学級経営スーパーバイズ・ガイド　図書文化

田上不二夫（2010）実践グループカウンセリング―子どもが育ちあう学級集団づくり―　金子書房

田上不二夫（2017）不登校の子どもへのつながりあう登校支援―対人関係ゲームを用いたシステムズ・アプローチ―　金子書房

田上不二夫・今田里佳・岸田優代（2007）特別支援教育コーディネーターのための対人関係ゲーム活用マニュアル　東洋館出版社

國分康孝・片野智治（1996）エンカウンターで学級が変わる―グループ体験を生かしたふれあいの学級づくり　中学校編　図書文化

鎌原雅彦・竹綱誠一郎（1999）やさしい教育心理学　有斐閣アルマ

岸田幸弘（2015）子どもの登校を支援する学校教育スシテム―不登校をのりこえる子どもと教師の関係づくり―　福村出版

Column 8

ラタネとダーリーの援助行動実験（Latane & Darley, 1970）

　いじめ問題を考えるときに参考になるのは，1964年にニューヨークで起きたキティ・ジェノヴィーズ事件です。深夜，帰宅途中だった女性キティ・ジェノヴィーズが暴漢に襲われて殺されてしまったのです。犯人逮捕後，彼女は大声で叫び，何度も助けを求めていたことがわかりました。警察の捜査によると近所の38人がその様子を目撃したり，声を聞いたりしていたのですが，誰も助けに行かず通報もしなかったのです。都会の人間は冷淡なのでしょうか。心理学者ラタネとダーリーは，援助行動について検証実験を行いました。

　被験者はマイクとヘッドホンを使って別室にいる相手と討論をするように指示されました。討論は2人（被験者と相手），3人（被験者以外に1人），6人（被験者以外に4人）で行われると伝えられました（本当の被験者は1人）。討論の途中，初めの発言者が発作を起こして，苦しそうに助けを求めたのです（演技）。被験者はそのときどんな行動をとったのでしょうか。

【部屋を出て助けに向かうなどの援助行動を起こした被験者の割合】
2人（自分と相手だけ）で討論していると思っている被験者……100%
3人（参加者は自分ともう1人）で討論していると思っている被験者……85%
6人（参加者は自分ともう4人）で討論していると思っている被験者……62%

　このように傍観者の数が多くなると，援助行動を行う人の割合は低くなりました。

*C*olumn 9

アッシュの同調実験（Asch, 1951）

実験課題として図のような2枚のカードが用意されました。基本の刺激Xの線分と同じ長さの線分をA，B，Cの中から選ばせるという非常に簡単な課題です。見ず知らずの8人の大学生（被験者）がテーブルを囲んで座り，実験者が提示する2枚のカードを見比べました。基本の刺激Xと同じ長さだと思う線を，右のカードから選ぶように言われ，1人ひとり順番に答えていきました。実は実際の被験者は最後に解答する8番目の1人だ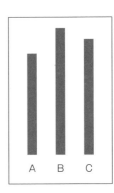
けで，他の7人はサクラでした。サクラの7人は事前にCと答えるように指示されていたのです。

その結果，本当の被験者の約60%はCと解答したのです。もちろん1人で解答したときには，ほぼ全員の被験者が正解のBを選択したのです。おもしろいことに，本当の被験者は他の被験者が間違っていると思いながらも同調してしまったと言います。

また，アッシュはサクラの数を変える実験も行い，サクラが1人だけ（被験者1人とサクラが1人）では同調行動は起きませんが，サクラが一定数増えると，同調行動が増えることを見出しています。

Lesson 12

学校不適応とカウンセリング

　小中学生のときに，学校では大変なことが1つもなかったという人はほとんどいないでしょう。私たちは，学校生活の中で，いろいろな悩みや困難にぶつかり，それを乗り越えながら，学業に取り組み，集団生活を送っています。しかし，そのような生活の中で，心身の調子を崩したり，学校や社会のルールを逸脱してしまうなど，通常の学校生活が難しくなるほどの「不適応」に陥ってしまうこともあります。

　Lesson12では，学校不適応とは具体的にどのような状態をさし，どのような表れ方があるのか，また，学校不適応への支援としてのカウンセリングの役割についてみていきます。

P_{rep}

予習課題

1. 学校不適応と聞いて，どのような状態をイメージしますか。考えてみましょう。

2. みなさんが小中学生のときに，スクールカウンセラーは学校にいましたか。また，会ったことがありますか。スクールカウンセラーがいた，あるいは会ったことのある人は，スクールカウンセラーについてどのようなことを覚えているか，思い出してみましょう（例：相談室だよりで知った，行事のときに見かけた，などでも構いません）。スクールカウンセラーがいなかった，あるいは会ったことがない人は，どのような役割をする人なのか，調べてみましょう。

1．学校不適応とは

(1)「適応」「不適応」ってどういうこと？

　私たちは，進学など新しい環境に直面したときに，どのようにその環境に慣れていくのでしょうか。最初は戸惑いながらも，少しずつその環境やそこでの活動に慣れ，自分らしく過ごしたり他者と交流したりすることができるようになっていく場合が多いと思います。このように，学校や職場など，その人がおかれた環境の中でバランスよく円滑に過ごせている状態を**適応**といいます。逆に，環境とその人とのバランスが崩れ，その環境の中で円滑に過ごせない状態は**不適応**と呼ばれます。適応しているか不適応となっているかは，その環境ごとに異なりますので，クラスでは不適応だが部活動では適応している，学校では不適応だが家庭では適応しているという場合もあります。

(2) 内的適応と外的適応

　適応には，内的適応と外的適応の2種類があります。**内的適応**（心理的適応）とは，個人の内的環境への適応という意味であり，その人の欲求が満たされ心が安定している状態のことです。一方，**外的適応**（社会的適応）とは，個人の外的環境への適応という意味であり，自分の外の環境とうまく関わることができている状態のことです（藤原，2018；岡田，2015）。

　たとえば，クラスの中での対人関係はうまくやれていても，心理的には安定しておらずストレスを抱えている場合，外的適応はしているが内的適応はしていない状態と言えます。したがって，これら2つの適応がバランスよくなされていることが重要です。

Keyword：適応　不適応　内的適応　外的適応

（3）さまざまな学校不適応

では，**学校不適応**とは，具体的にどのような状態をさすのでしょうか。学校不適応とは，学校という環境の中でバランスよく円滑に過ごせない状態です。これは，ストレスを個人の内側に向ける**非社会的行動**と，ストレスを個人の外側に向ける**反社会的行動**に区分することができます。非社会的行動としては，不登校，無気力，心身症など，反社会的行動としては，いじめ，非行，暴力行為などがあげられます。

心身症とは，心理的ストレスが身体の症状としてあらわれた状態のことをさします。たとえば，発熱や頭痛，腹痛，過敏性腸症候群，気管支喘息，アトピー性皮膚炎，チック，夜尿，起立性調節障害，食欲不振や嘔吐などがあります（表12-1）。

表12-1 学齢期の子どもに起こりやすい心身の症状と行動上の問題
（山登，2014より作成）

身体症状	発熱，頭痛，腹痛，食欲不振，嘔気・嘔吐，下痢，夜尿，夜驚，全身倦怠感，チック，めまい，失神発作，過換気，喘息発作，胸痛，四肢痛など
精神症状	不眠，注意・集中力の低下，不安，イライラ，無気力，意欲の低下，憂うつなど
行動	指しゃぶり，爪噛み，抜毛，乱暴，甘えなど

また，学校不適応と関連しやすい病気や障害として，先にあげた心身症の他，精神障害や発達障害があります。学校不適応となりストレスが高まった結果，心身の不調や病気につながることもありますし，心身の病気や障害のために学校生活がうまくいかず，学校不適応を引き起こすこともあります。

このような不適応行動や心身の不調は，なくなればそれでよいというものではなく，その裏には「もっと心配してほしい」といった訴えや何らかのス

Keyword：学校不適応　非社会的行動　反社会的行動　心身症→p.249

トレスが背景となっている場合もあります。「問題行動はSOSのサイン」ととらえ，その行動や症状の裏にある意味を理解する姿勢が大切です（伊藤，2000）。

2．児童・生徒の不適応行動と病気・障害

(1) 不登校

文部科学省は，**不登校**を以下のように定義しています。

> 連続又は断続して年間30日以上欠席し，何らかの心理的，情緒的，身体的あるいは社会的要因・背景により，児童生徒が登校しないあるいはしたくともできない状況である（ただし，病気や経済的な理由によるものを除く）

不登校が日本で注目され始めたのは，1950年代後半から1960年代で，当時は「学校恐怖症」という名称で呼ばれていました。その後，不登校の人数が増え続け，学校現場における教育問題として注目され，「登校拒否」と言われるようになります。1990年代（平成の時代）に入ると，人数のさらなる増加に加え，いじめや発達障害，保護者による虐待などが背景にあるケースなど，多様化が進み，不登校は特別な状況下で起こるのではなく「どの子にも起こり得る」ととらえることの必要性が確認されました。それと同時に，広く学校に行けないあるいは行かない状態をさすものとして「不登校」という名称が使われるようになりました。このように，不登校のとらえ方は，時代の変遷とともに変わってきています。

Keyword：不登校

現在，不登校児童・生徒の割合は，図12－1に示したように，2016（平成28）年度では，小学校で0.47％（213人に1人），中学校で3.01％（33人に1人）となっています。とくに中学校で多く，1クラスに1人ぐらいの割合となっており，その支援は重要な課題です。

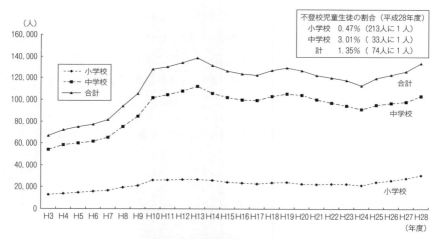

図12－1　不登校児童生徒数の推移（文部科学省，2018）

（2）いじめ

文部科学省によると，**いじめ**とは，1985（昭和60）年以来，「①自分より弱いものに対して一方的に，②身体的・心理的な攻撃を継続的に加え，③相手が深刻な苦痛を感じているもの」と定義されてきました。

しかしながら，2006（平成18）年に，「いじめとは，当該児童生徒が，①一定の人間関係のある者から，②心理的・物理的な攻撃を受けたことにより，③精神的な苦痛を感じているもの」と変更されました。この変更は，いじめ

Keyword：いじめ

られた児童・生徒がいじめと認識したかどうかが重要であるとするもので，学校内外で起こっているいじめを，より発見しやすくするためのものと考えられます。そのため，「発生件数」から「認知件数」という表現に改められました。また，「一方的に」「継続的に」「深刻な」という文言が削除され，たとえ1回でも深刻でなくてもいじめであるという考え方になっています。

　その後，2013（平成25）年に，社会全体でいじめ問題に取り組んでいく必要性から，いじめ防止対策推進法が公布・施行されました。この法律では，先ほどの2006（平成18）年からの文部科学省の定義をもとに，以下のようにいじめの定義が定められており，現在用いられる定義となっています。

> 　児童等に対して，当該児童等が在籍する学校に在籍している等当該児童等と一定の人的関係にある他の児童等が行う心理的又は物理的な影響を与える行為（インターネットを通じて行われるものを含む。）であって，当該行為の対象となった児童等が心身の苦痛を感じているもの。なお，起こった場所は学校の内外を問わない。

　このように，定義・調査方法が変わってきていることに加え，いじめは教師や周囲の目の届かないところで行われることが多いため，その増減については一概には言えませんが，2016（平成28）年度の調査でのいじめの認知件数は，定義・調査方法が変更された2008（平成18）年度以降，小中学校で最多となりました。とくに小学校での増加が目立っています。

　文部科学省では，「いじめはどの学校でもどの子どもにも起こりうる」「いじめの認知件数が多いことは教職員の目が行き届いているあかし」，「いじめの芽やいじめの兆候も，いじめである」として，いじめの早期発見と対応，防止対策に取り組むよう促しています。

（3）非行・暴力行為

　非行という用語は多様な意味に用いられ，たとえば，学校では，服装の乱れや怠学などを非行と呼ぶこともあります。非行の定義で有名なものとして，少年法による定義があります。少年法では，非行少年を**犯罪少年**，**触法少年**，**虞犯少年**の３つに分類しています（表12－2）。また，学校で問題となる飲酒，喫煙，家出等を行って警察に補導される20歳未満の者は，少年法では非行には該当せず，**不良行為少年**と呼びます。

　国家公安委員会・警察庁（2017）によると，刑法犯少年（犯罪少年のうち刑法犯で警察に検挙された者）の検挙人員は，2016（平成28）年中で３万1,516人であり，2004（平成16）年より連続で減少となっています。ただし，同年齢層人口1,000人あたりの検挙人員は4.5人で，成人（1.9人）と比べ高い水準です。また，触法少年および不良行為少年の補導人員も，減少傾向にあります。

　近年の少年非行の特徴としては，非行の低年齢化（平成19年以降中学生が高校生を上回っている），再犯率の増加（平成28年で37.1％）などがあります。

表12－2　少年法における非行の定義

犯罪少年	14歳以上20歳未満で，犯罪を犯した少年
触法少年	14歳未満で，刑罰法令に触れる行為をした少年
虞犯少年	20歳未満で，一定の不良行為があり，将来的に犯罪少年や触法少年になる可能性のある少年

　次に，**暴力行為**とは，文部科学省によると，「自校の児童生徒が，故意に有形力（目に見える物理的な力）を加える行為」のことを言います。被暴力行為の対象によって，**対教師暴力**，**生徒間暴力**，**対人暴力**，**器物損壊**の４つに分類されます（具体例は表12－3）。また，暴力行為の発生件数を見ると，

Keyword：犯罪少年→p.253　触法少年→p.249　虞犯少年→p.246　不良行為少年→p.253
　　　　　暴力行為　対教師暴力　生徒間暴力　対人暴力　器物損壊

表12-3 各暴力行為の具体例(文部科学省,2010aより抜粋し作成)

暴力行為の種類	具体例
対教師暴力	・指導されたことに激高して教師の足を蹴った ・教師の胸倉をつかんだ　など
生徒間暴力	・同じ学校の生徒同士がけんかとなり,双方が相手を殴った ・部活動中に,上級生が下級生に対し,指導と称して清掃道具で叩いた　など
対人暴力	・学校行事に来賓として招かれた地域住民に足蹴りをした ・登下校中に,通行人にけがを負わせた　など
器物損壊	・教室の窓ガラスを故意に割った ・トイレのドアを故意に壊した　など

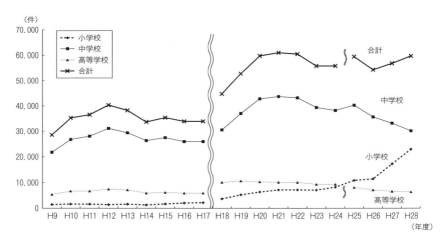

図12-2　学校の管理下・管理下以外における暴力行為発生件数の推移
　　　　（文部科学省,2018）

近年，小学生の暴力行為の増加が目立っています（図12-2）。

（4）精神疾患

　精神疾患とは，いわゆる心の病であり，遺伝的要因と環境要因が複雑に影響し合って発症します。また，過度なストレスによって，症状が悪化することがあります。児童期・青年期に生じやすい精神疾患の代表的なものには，以下があげられます。

①統合失調症

　青年期以降に発症することが多い精神疾患です。15～30歳ごろに発症しやすく，約100人に1人の発症率と言われています。幻覚，妄想，まとまりのない会話や行動などの「陽性症状」と，意欲・集中力の低下，感情の平板化（喜怒哀楽の表現が乏しくなること）などの「陰性症状」を特徴とします。

②気分障害（うつ病や双極性障害等）

　うつ病は，非常につらい沈んだ気分または興味・喜びの喪失が，ほぼ一日中，ほとんど毎日，2週間以上続き，普段通りの日常生活を送るのが難しくなってしまう病気です。抑うつ気分，興味・喜びの喪失，不安や焦りなどの「心の症状」と，不眠や中途覚醒などの睡眠の異常，食欲の低下，疲労・倦怠感などの「身体の症状」を特徴とします。なお，子どものうつ病では，気分の落ち込みよりも，周りにあたり散らすなどの「イライラ」が顕著に出る場合も多く，注意が必要です。また，双極性障害（躁うつ病）は，気分が高ぶる躁状態と気分が落ち込むうつ状態を繰り返す病気です。

③摂食障害

　食事をほとんどとらなくなってしまう「拒食」と，むちゃ食いと嘔吐を繰り返す「過食」に大別されます。ダイエットなどをきっかけに，10代から20代で発症することが多く，女性に多いのが特徴です。

Keyword：統合失調症　気分障害　摂食障害

④強迫性障害

　「強迫観念」（手にばい菌がついているようで落ち着かない，鍵を閉めたかどうか気になるなど）と「強迫行為」（何度も手を洗う，繰り返し戸締まりを確認するなど）の両方を繰り返し悪循環となる病気です。

⑤パニック障害

　突然，動悸やめまい，発汗，窒息感，吐き気，手足の震えといった発作（パニック発作）を起こし，生活に支障をきたす疾患です。このパニック発作は，死んでしまうのではないかと思うほど強い恐怖感と，自分ではコントロールできない感覚を引き起こします。そのため，今度また発作が起きたらどうしようという不安から，電車やエレベーターが利用できなくなったり，外出自体を避けるようになったりします。

⑥選択性緘黙（かんもく）

　家庭では普通に話すが学校では話せないなど，特定の状況で話しているにも関わらず，話すことが期待されている特定の社会的状況において話すことができない状態のことです。

⑦チック障害

　本人の意思とは関係なく，突然，体が動いたり声が出たりすることが一定期間続く障害のことで，まばたきや咳払い，首ふり，顔をしかめる，肩をすくめるなどの症状があり，児童期から青年期に多く見られます。

⑧自傷行為

　精神疾患ではありませんが，何らかの心の問題と関連が深い行為として，自傷行為（自分で自分の体を傷つける行為）があります。カミソリなどで手首を切るリストカットが典型的ですが，そのほか，皮膚を刺す，自分を殴る，壁に頭をぶつけるなどがあります。周囲の大人がそれに気づいていない場合も多いため，注意が必要です。

Keyword：強迫性障害　パニック障害　選択性緘黙　チック障害　自傷行為

3．児童・生徒へのカウンセリングと支援

（1）児童・生徒へのカウンセリングや支援の場

　児童・生徒に対するカウンセリングや支援の場として，学校のスクールカウンセラー，都道府県または市区町村の教育相談所（教育センター）および適応指導教室，児童相談所，医療機関（児童精神科，小児科，心療内科など），警察の少年相談，大学付属の心理相談室，民間のカウンセリング機関やフリースクール，フリースペース（不登校などの子どもたちの居場所）などがあげられます。また，高等学校段階では，通信制高校や単位制高校など，不登校経験者や他校中退者なども学びやすく，支援の充実した高校も増えています。

　市区町村の教育相談所では，児童・生徒および保護者へのカウンセリングや相談を実施している他，不登校や学校不適応の児童・生徒が通うことができる適応指導教室を設置している自治体が多くあります。適応指導教室では，学習やスポーツなど，毎日の時間割に沿って活動するところが多く，少人数集団の中で少しずつ集団生活に慣れ，学校への復帰をめざすことができます。また，適応指導教室への出席を，学校の出席扱いとみなす自治体も多くなっています。

（2）心理アセスメントの重要性

①問題のさまざまな原因と背景

　児童・生徒に生じやすい問題や病気，障害は多岐にわたり，そのきっかけや原因，背景はさまざまです。また，小学校高学年ごろからの思春期はとくに，誰もが一時的に不安定になりやすい時期でもあります。そのため，問題

のきっかけや背景は何なのか，病気の可能性があるのか，生得的な特性に由来するのかといった点を適切に**アセスメント**し，それぞれの状態や問題に応じた支援をすることが非常に重要となります。

　適切なアセスメントをするためには，児童期・青年期がどのような時期であるかの発達心理学的理解と同時に，この時期に起こりやすい問題や病気について知識をもっていることが大切です。加えて，その児童・生徒の強み（得意なことや生かせる能力）は何か，興味をもっていることは何か，現在誰がどのようにその児童・生徒に関わっているのか，といった支援に生かせる資源や社会的関わりという観点からアセスメントしておくことも，その後の支援を考えていくのに役立ちます。

②アセスメントの方法

　アセスメントの方法は，**面接法**，**観察法**，**検査法**に分けられます。面接法としては，児童・生徒本人との面接，担任や他の教職員（部活動の顧問，学年主任，教科担当，養護教諭，スクールカウンセラー等）からの情報収集，保護者や関係者からの情報収集などがあげられます。観察法としては，授業や集団生活場面の行動観察があげられます。検査法としては，知能検査やパーソナリティ検査などの心理検査などがあげられます。

　同じ児童・生徒であっても，場面の違い（①家庭と学校での違い，②学級，部活動，教科の授業などでの違い，③集団場面と個別に関わる場面での違い）や，関わる相手（担任，スクールカウンセラー，友だちなど）によって，本人の様子や適応の程度，話している内容が異なることも多くみられます。そのため，いろいろな場面での情報を共有し，多角的にアセスメントすることが非常に重要です。

　心理検査は，知的能力や発達の遅れ，偏りが疑われるとき，特別支援学級への通級や在籍を検討したいとき，心理状態を詳しく知りたいときなどに，

Keyword：アセスメント　面接法　観察法　検査法　心理検査

支援に役立てる目的で用いられます。ただし，検査は本人や保護者に負担がかかることでもあり，また，検査をするということになると「人生を左右する一大事」「そんなに自分（うちの子）はできないんだろうか」といった印象を与えかねません。したがって，検査が本当に必要かどうかの事前のアセスメントと吟味，検査の目的と何が明らかになるかについての十分な説明と合意（**インフォームド・コンセント**），本人や保護者，支援に関わる関係者にとって有益となるような結果のフィードバックとその活用が求められます。

（3）児童・生徒への支援とカウンセリングのポイント

①チーム学校

　児童・生徒への支援においては，まず，教職員や専門家による**チーム支援**が重要です。文部科学省（2015）は，複雑化・多様化した課題の解決に学校が取り組んでいくための方策として，「**チームとしての学校**」（略して「**チーム学校**」と呼ばれる）の重要性を指摘しています。その中で，「チーム学校」を実現するための3つの視点があげられています。

---
①専門性にもとづくチーム体制の構築
②学校のマネジメント機能の強化
③教職員一人ひとりが力を発揮できる環境の整備

　とくに，①については，教職員の指導体制を充実させるとともに，心理の専門家である**スクールカウンセラー**や福祉の専門家である**スクールソーシャルワーカー**など，教員以外の専門スタッフの配置の拡充と資質の確保が重視されています。また，地域や関係機関（警察，児童相談所等）との連携体制の整備も重要となっています。このように，教員だけでなく，専門家や地域，

Keyword：インフォームド・コンセント　チーム支援　チームとしての学校（チーム学校）→p.251　スクールカウンセラー→p.249　スクールソーシャルワーカー→p.249

関係機関とも連携・協働し，学校全体が1つのチームとして機能することで，よりよい支援が可能となると考えられます（図12-3）。

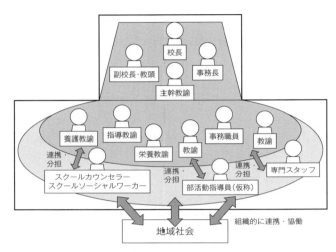

図12-3 「チームとしての学校」のイメージ（文部科学省，2015より作成）

②カウンセリングのポイント

　児童・生徒へのカウンセリングにおいては，カウンセリングの基本である受容，共感はもちろん大切です。さらにそれだけにとどまらず，必要に応じて，具体的・現実的支援，発達促進的支援をしていくことが重要です。たとえば，日常生活や対人関係のスキル向上の支援，学校生活を円滑に送るための具体的提案や調整，進学や就労に向けての具体的支援，医療機関などの関係機関につなげる，といったことがあげられます。

　徳田（2003）は，関係育成的支援（個人間交流の支援）と内省促進的支援（個人の内面の成長の支援）の両方が重要であることを指摘しています。また，李（2011）は，心理的問題を意識化・言語化させることにこだわらず，

クライエントが興味をもっている話題で雑談をする，クライエントが興味をもっていることを一緒にする，非言語的手段を用いるなどが有効であることや，クライエントの試行錯誤を尊重する姿勢が重要であることを述べています。

　スクールカウンセラーには，学校というチームの一員として，相談室の中で児童・生徒が安心して話せる相手となるだけでなく，児童・生徒が相談室から教室へ戻っていけるような後押しや，担任やクラスメイトとのつなぎ役，適切な関係機関の提案や調整，教員への助言（**コンサルテーション**）や保護者の支援，災害や事故等の緊急時の心のケアなど，多様な役割が求められています。

4．支援に役立つカウンセリング技法

（1）クライエント中心療法

　ロジャーズ（Rogers, C.R.）が創始した**クライエント中心療法**は，クライエントがよい方向に変化するためにはカウンセリングの技術よりもその背後にあるカウンセラーの態度が重要であるとするものです。どのようなカウンセリングにおいても基本となるカウンセラーの態度を表していると言えます。具体的には3つあり，カウンセラーの態度の3条件とされています。

①**無条件の肯定的配慮**…クライエントの話のある部分のみに関心をもって熱心に聞き，他の部分は関心をもたないというのではなく，「無条件に」どのような話にも関心をもつ態度。

②**共感的理解**…自分なりの理解ではなく，クライエントの物の見方に立って，クライエントの世界に入り込み，クライエントがどのように感じているか

Keyword：コンサルテーション　ロジャーズ→p.243　クライエント中心療法

を理解しようとする態度。
③**自己一致**…カウンセラーがそのとき体験しているさまざまな感情や態度に対して、自分をあざむかないこと。自分では認めたくない感情を否定せず、そういう感情をもっている自分に気づき、認めること。

　学校教育場面では、ロジャースのクライエント中心療法の考え方をもとに、とくに個別相談を行うときなどの教師の基本的態度として、**カウンセリング・マインド**が重視されています。

（2）プレイセラピー（遊戯療法）および非言語的技法

　プレイセラピーとは、遊びを通して子どもと関わる心理療法のことです。子どもの場合、自分の悩みを言葉で表現することはなかなか難しいため、遊びの中で自由に自己表現することが治療的効果をもちます。とくに幼児や児童期の子どもに実施されます。自治体の教育相談室や民間のカウンセリング機関など、時間と場所が保障された安心できる空間の中で実施されるのが一般的です。

　また、他の非言語的技法として、描画療法、箱庭療法、コラージュ療法などがあげられます。描画療法は、少ない道具で気軽に行えるため、学校の相談室などでも取り入れやすい技法です。また、描画を遊びや関係づくりのツールとして用いたり、心理テストとして用いたりすることもできます。

　中学生、高校生ぐらいになると、言葉で自分の問題や悩みを表現できることも増えますが、言葉だけのカウンセリングではしんどく感じてしまう人も多くいます。そのような場合、手芸や描画、スポーツやゲームなどをしながら心を開き関係づくりをすることも有効です。

Keyword：カウンセリング・マインド→p.245　プレイセラピー

（3）行動療法，認知行動療法

①行動療法

行動療法とは条件づけなどの学習理論を臨床に導入した技法です。一例として，ウォルピが開発した**系統的脱感作法**（Lesson 6 参照）があげられます。これは，恐怖反応や不安反応の低減を目的としたもので，①不安や恐怖に打ち勝つリラックス状態をつくり出す，②不安階層表の作成（不安を引き起こす場面を，不安の程度の低いものから順に並べて表にする），③リラックス状態のもとで，不安階層表での不安の低いものから順に提示，という流れで行われます。

また，**シェイピング**（Lesson 6 参照）は，目標行動にたどり着くために，目標行動をスモールステップに分け，達成が容易なものから順に遂行していくことで目標行動にたどり着こうとする技法です。不登校の児童・生徒が少しずつ学校に行けるようになるための段階的支援（例：朝，時間になったら布団から出る→朝，時間になったら布団から出て着替える→家の外に出る→通学路の途中のスーパーマーケットまで行く→学校の校門まで行く→学校の玄関まで行く→保健室まで行く→教室まで行く）などに用いられています。

②認知行動療法

認知行動療法は，行動の背景にある認知（＝考え方）に注目し，行動を変えていくだけでなく，バランスのよい考え方を身につけたり，「考え方」の幅を広げたりするための技法で，近年，広く普及しています。うつ病や不安障害等の治療に有効とされていますが，不適応を起こしている児童・生徒への支援や，すべての児童・生徒への予防的支援にも役立ちます。

Keyword：行動療法　系統的脱感作法　シェイピング　認知行動療法

(4) 解決志向アプローチ

解決志向アプローチとは，問題の意味や背景要因を特定することではなく，「問題解決」に焦点をあてた技法です。問題解決に向けての話しあいを行い，課題の提示と修正をしていくものです。うまくいっていることは変えない，一度やってうまくいったことはまた同じことをする，うまくいっていないのであれば違うことをする，というのが基本的な考え方です。

ミラクル・クエスチョン（「眠っている間に奇跡が起こって問題が解決していたら，翌日はどんな様子？」と質問し，解決像のイメージをもってもらう），例外探しの質問（「問題がちょっとでもいい時のことを聞かせて」と伝えて，すでに起こっている解決への変化を明らかにする）などの手法が使われます。学校の中での短時間の面接場面や，悩みや問題を直接話すことには抵抗のある児童・生徒との面接にも取り入れやすい技法です。

*R*eview
復習課題

1. 学校不適応とはどのような状態をさすのでしょうか。内的適応と外的適応に分けて，それぞれの不適応状態の例を具体的に説明してみましょう。
2. 心身症とはどのような状態か，説明してみましょう。
3. 不登校，いじめ，非行，暴力行為について，それぞれの現在の定義を説明してみましょう。
4. 不登校児童生徒の割合は，小学校，中学校ではそれぞれどれくらいでしょうか。
5. チーム学校とは何か，説明してみましょう。
6. 学校不適応への支援において，どのようなことが重要だと考えられるでしょうか。Lesson12で学んだことをまとめたうえで，あなたの考えを述べてみましょう。

Keyword：解決志向アプローチ

Keybook

引用・参考文献

藤原健志（2018）問題行動と心理的支援　吉田武男監修　濱口佳和編著　教育心理学　ミネルヴァ書房　179-193

伊藤美奈子（2000）思春期の心さがしと学びの現場―スクールカウンセラーの実践を通して―　北樹出版

国家公安委員会・警察庁編（2017）平成29年版警察白書　日経印刷株式会社

黒沢幸子（2002）指導援助に役立つスクールカウンセリング・ワークブック　金子書房

松田文雄（2007）中高生のリストカット　村山正治編　学校臨床のヒント―SCのための73のキーワード―　金剛出版　77-79

文部科学省（2010a）「児童生徒の問題行動・不登校等生徒指導上の諸課題に関する調査」用語の解説

http://www.mext.go.jp/b_menu/toukei/ chousa01/shidou/yougo/1267642.htm

文部科学省（2010b）生徒指導提要　教育図書

文部科学省（2015）「チームとしての学校の在り方と今後の改善方策について（答申）」（中教審第185号）

http://www.mext.go.jp/b_menu/shingi/chukyo/chukyo 0 /toushin/1365657.htm

文部科学省（2018）平成28年度「児童生徒の問題行動・不登校等生徒指導上の諸課題に関する調査」

https://www.e-stat.go.jp/stat- search/files?page=1&toukei=00400304&tstat=000001112655&second=1&second2=1

森俊夫・黒沢幸子（2002）＜森・黒沢のワークショップで学ぶ＞解決志向ブリーフセラピー　ほんの森出版

岡田有司（2015）中学生の学校適応―適応の支えの理解―　ナカニシヤ出版

李敏子（2011）ファーストステップ心理的援助―子どものプレイセラピーから思春期の面接まで―　創元社

庄司一子監修　杉本希映・五十嵐哲也編著（2010）事例から学ぶ児童・生徒への理解と援助　ナカニシヤ出版

高橋三郎・大野裕監訳　染矢俊幸・神庭重信・尾崎紀夫・三村將・村井俊哉訳（2014）DSM-5　精神疾患の分類と診断の手引　医学書院

徳田仁子（2003）学校臨床における見立て・アセスメント　伊藤美奈子・平野直己編　学校臨床心理学・入門―スクールカウンセラーによる実践の知恵―　有斐閣　61-83

山登敬之（2005）子どもの精神科　筑摩書房

山登敬之（2014）子どものミカタ　日本評論社

Lesson 13

障害のある子どもたちと特別支援教育

　日本においては，長い間，障害のある子どもたちの教育を「特殊教育」として，障害のない子どもたちと分けて行うことが原則とされていました。しかし，2007年の学校教育法等改正により，「特殊教育」から「特別支援教育」への転換が行われ，障害の有無だけを理由に教育の場が分けられることはなくなりました。両者の大きな違いは，特殊教育が「障害の種類と程度に応じた教育」であるのに対して，特別支援教育は「児童生徒1人ひとりの特別な教育的ニーズに応じた教育」であるという点です。

Prep

予習課題

1. 心身の障害にはどのような種類があるでしょうか。主な障害とその症状についてまとめてみましょう。
2. 障害のある子どもを通常のクラスで教育する場合に，どのような配慮や支援が必要になるでしょうか。「1」であげた障害の中から，例をあげて，具体的な支援を考えてみましょう。

1．障害のある子どもたちの教育

（1）「障害」に対する考え方

①国際障害分類（ICIDH）

　まず初めに，世界保健機関（WHO）から出された「**国際障害分類（ICIDH）**」（図13－1）と，「**国際生活機能分類（ICF）**」（図13－2）をもとに，「障害」の意味について考えてみましょう。

　WHOが，1980年に採択した国際障害分類（ICIDH）は，それ以前の「障害観」が「個人のもつ欠陥」という固定的な考え方に陥りがちだったのに対し，個人の身体的欠損や心身の機能の不具合によって，必ずしも同じように機能障害や能力障害が起きるわけでも，社会的不利を生じるわけでもないということを明確に示した点で，画期的なものでした。ICIDHは障害を「**機能形態障害**」，「**能力障害**」，「**社会的不利**」の3段階に定義しました。そして3つの段階は，身体機能に「機能形態障害」を生じることにより，能力の獲得が困難になる，あるいはそれまでできていたことができなくなる「能力障害」が生起し，それによって，職に就けない，あるいは職を失うなどの「社会的不利」につながるという，連続したモデルとなっていました（上田，2005）。

　たとえば，近視によって眼鏡をかけている人について，「障害者」という見方をする人はほとんどいません。なぜなら，近視による視覚機能の障害は

図13－1　ICIDH：国際障害分類（WHO，1980）

Keyword：国際障害分類（ICIDH）　国際生活機能分類（ICF）　機能形態障害　能力障害　社会的不利

眼鏡やコンタクトレンズの使用によって矯正可能であり，視覚機能の不全から起きる障害は日常生活に影響を与えるほどのものではなくなり，社会的な不利も限られたものになるからです。「個人のもつ固定的な欠陥」という障害観を「障害を補償する取り組みや教育，社会環境の整備次第で軽減できる不具合」とした点で，ICIDHの考え方は，健常者と障害者の間の越えがたい壁の存在を否定し，人としての存在の連続性を示していました。障害の「**医療モデル**」から「**社会モデル**」への転換とも言えます。

②国際生活機能分類（ICF）

しかし，ICIDHの問題点として，3つの要素の方向が一方向的に示されており，障害の出発点を個人特性に限定しているととらえられやすいところがあげられました。このような批判を受けて，WHOは2001年に新たな分類方法として国際生活機能分類（ICF）を定めました。「生活機能」は「心身機能，

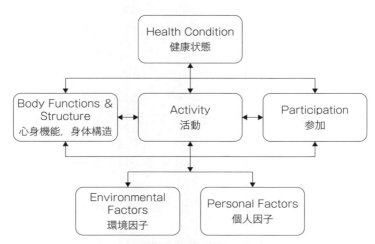

図13-2　ICF：国際生活機能分類の生活機能構造モデル（WHO，2001）

Keyword：医療モデル→p.245　社会モデル→p.248

構造」,「活動」,「参加」を包括する概念であり，人が生きることの全体を示す概念です。したがって，「障害」のモデルというよりは「生活機能の状態」を示すモデルであり，これはすべての人間に適用することができます。すなわち，「障害者」と「健常者」がいるのではなく，その時点で，さまざまな理由で生活機能の不全が起こることにより，生きることに困難を抱える人間がいるということなのです。

(2) 特殊教育から特別支援教育へ

　日本における障害のある子どもたちの教育制度は，第二次世界大戦後の1947（昭和22）年に制定された学校教育法をもとに**特殊教育**として整備されてきました。そして2007（平成19）年に学校教育法の大規模な改正が行われ，それまでの特殊教育に代わり**特別支援教育**がスタートしました。特殊教育から，特別支援教育の転換にあたって大きく2つのことが変わりました。

　1つ目は，特殊教育は障害の種類や程度に応じて，盲学校，聾学校，養護学校，特殊学級という特別な場で教育が行われていましたが，特別支援教育は幼児・児童・生徒が在籍する幼稚園，小学校，中学校，高等学校，および特別支援学校等のすべての学校において実施されるようになりました。

　そして，2つ目は，特殊教育の枠組みの中では支援の対象となっていなかった**LD，ADHD，自閉症**等の**発達障害**のある児童・生徒についても，抱える困難の状態に即した支援が必要であることが認められたのです。丁寧に個々の実態を把握し，障害の状態に応じた指導内容や指導方法の工夫を計画的，組織的に行うことが求められるようになりました。

　特別支援教育への転換の背景には，世界的に**インクルーシブ教育**，すなわち，多様な人間の存在を前提に，さまざまな子どもたちをわけへだてることなく，地域の学校で，できる限り一緒に教育を行うことが望ましいという考

Keyword：特殊教育→p.252　特別支援教育→p.252　LD　ADHD　自閉症　発達障害　インクルーシブ教育→p.245

え方が広がってきたことがあります。2016（平成28）年に施行された「障害を理由とする差別の解消の推進に関する法律」（いわゆる**障害者差別解消法**）においては，社会生活のあらゆる場面で障害を理由とする差別の禁止と合理的な配慮の提供が義務づけられています。学校教育においても障害の有無等に関わらずすべての子どもが，可能な限り，地域の学校で一緒に教育を受けることができるような配慮や支援が求められています。

（3）拡大する特別支援教育

　インクルーシブ教育が広がることによって，特別支援学校や特別支援学級に在籍する子どもたちの数は減ったでしょうか，それとも増えたでしょうか。

　前項で述べたように，インクルーシブ教育は障害の有無等に関わらず，地域の子どもたちが一緒に教育を受ける制度なのですが，実際には，日本の特別支援学校，特別支援学級の数，そこに在籍する児童の割合は増え続けています。

　ご存知のように，日本では30年以上出生数が減り続けており，連動して小中学校に在籍する子どもの数も減少し続けています。しかし，特別支援教育に移行する前年の2006（平成18）年時点で盲聾養護学校，特殊学級に在籍している，または通級による指導を受けている特殊教育対象の児童数は20万2,307人，就学者数に対する割合は1.9％でしたが，2017（平成29）年には，48万6,377人と，3.2％に増加しています。

　この理由の1つには，障害のある子どもたちへの教育制度が多様化したことがあげられます。特殊教育の時代にも，通常学級で授業を受けながら，一部の時間だけ個別の指導を受ける「**通級学級**」という制度がありましたが，それは「言語障害」や「難聴」，「情緒障害」などの限られた障害に対する制度でした。しかし，現在では，**自閉症スペクトラム障害，注意欠陥多動性障**

Keyword：障害者差別解消法→p.249　通級学級→p.251　自閉症スペクトラム障害
　　　　　注意欠陥多動性障害（ADHD）

害（ADHD）や**学習障害**等の発達障害の子どもたちも通級学級を利用することができるようになり，学習面や生活面で子どもたちが抱えている困難にあわせて指導の場を選択することが可能になってきています。また，障害種別に分かれていた学校を**特別支援学校**として多様な障害に対応できる学校に替えたことにより，地域に通える特別支援学校が増えたことや，保護者の障害に対する意識の変化も特別支援教育のニーズの増加につながっています。

2．さまざまな心身の障害

（1）障害の分類

子どもの発達に影響を及ぼすさまざまな心身の障害のうち，主な障害の分類を図13-3に示します。これらの障害のうち，発達障害については，**知的障害**を含める場合と，除外する場合があります。

①発達障害者支援法とDSM-5

2005（平成17）年に施行された**発達障害者支援法**の第2条では，次のような記載がされており，発達障害に知的障害は含まれていません。

> この法律において「発達障害」とは，自閉症，アスペルガー症候群その他の広汎性発達障害，学習障害，注意欠陥多動性障害その他これに類する脳機能の障害であってその症状が通常低年齢において発現するものとして政令で定めるものをいう。

他方で，主として精神科医療の臨床現場で参考とされることが多いアメリ

Keyword：学習障害　特別支援学校→p.252　知的障害　発達障害者支援法

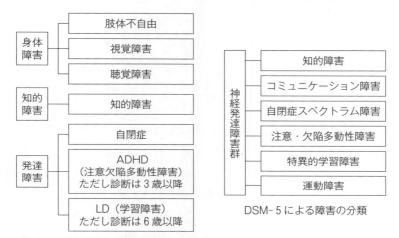

図13-3　主な障害の分類

カ精神医学会（APA）による診断基準**DSM-5**（Diagnostic and Statistical Manual of Mental Disorders）によると，発達障害は知的障害をはじめとして主に青年期までに発症する中枢神経系の機能不全にもとづくと思われる精神機能の障害をさします。DSM-5においては**神経発達障害**という大きな分類があり，その中で知的障害，コミュニケーション障害，自閉症スペクトラム障害，ADHD，特異的学習障害，運動障害という6つの下位分類に分けられています（図13-3）。

②日本における発達障害の定義の経緯

両者を比べたときに，中枢神経系の原因にもとづき，発達の過程で徐々に明らかになる障害という意味では，知的障害を含むDSM-5の概念の方が合理的にも思えますが，現代の日本で用いられる「発達障害」の概念が，知的

Keyword：神経発達障害　DSM-5 →p.251

障害というよりは，自閉症（ASD）や学習障害（LD），ADHDを中心とした概念として一般化しているのには事情があります。

日本では，長い間心身の障害について身体障害あるいは知的障害という枠組みの中で支援施策が考えられてきました。しかし，1980年代後半から，明らかに知的障害とは言えないけれど，社会的認知能力やコミュニケーション，注意の集中や行動調整，学習能力の一部に極端な困難があり，臨床的な支援を必要とする子どもたちがいることがわかってきて，これらの子どもたちの症状に診断がつけられるようになってきました。そこで，新たな支援施策を実施するためにつくられたのが**発達障害者支援法**です。

このような経緯が背景にあることから，日本で一般的に「発達障害」と総称される障害は，発達の過程で明らかになる障害の中でも，長い間支援の枠組みの外におかれてきた高機能自閉症（p.207参照），学習障害，ADHD等をさすことが多いのです。

（2）発達障害の特徴

①知的障害

1　知的障害とは

　知的障害は，特別支援学校に通う児童生徒の8割，特別支援学級に通う生徒の5割近くを占め，他の障害に比べて頻度の高い障害です。知的機能（認知，記憶，思考，学習等の力）の発達水準がその子どもの実際の年齢の標準より遅れている状態（めやすとして知能指数70以下）をさしますが，わが国では知的障害の定義を法令等では定めていません。実際に知的障害の診断がなされる際には，知能検査による診断結果に，言語能力や社会性，身辺処理能力などの生活行動面での発達についての観察結果を加えて総合的に判断されます。

Keyword：発達障害者支援法　知的障害

同じ程度の知能指数でも，さまざまな知的機能の発達状況や，コミュニケーション能力，社会適応能力によって，状態像は全く異なり，必要な支援の内容も違ったものとなります。たとえば，染色体の異常が原因となって起こるダウン症においても，自閉症の一部においても知的障害をともなうことがありますが，両者の示す状態像には隔たりがあり，必要となる支援のあり方も異なります。

2　知的障害のある子どもの教育

　知的障害のある子どもたちへの教育的対応は，幼児期と学齢期では大きく異なります。「遊び」が生活の中心である幼児期においては，インクルーシブ保育の中で子どもたちが生活することは，障害のある子どもにとってもない子どもにとっても貴重な経験の場となります。しかし，学齢期以降は，知的障害の程度によっては，特別支援学校や特別支援学級あるいは通級指導教室を利用して，それぞれの子どもが発達レベルにあった支援を受けながら，さまざまなスキルを着実に身につけることが必要になっていきます。

　通常学級で同年齢の子どもと同じ場所にいることにこだわるあまり，発達レベルや興味・関心とはかけ離れた授業を毎日受けることを余儀なくされたり，丁寧に知識や技能を身につけるような指導が受けられなかったりすれば，子どもたちは貴重な学習の機会と時間を奪われることになります。特別支援学級や特別支援学校だからこそ，対等に仲間をつくり，リーダーシップを発揮する機会が得られ，健全な自尊心を育てながら，社会に出て行く準備が可能になるという場合もあるのです。

②自閉症

1　スペクトラム（連続体）としてとらえる

　先述したDSM-5において，それまで（DSM-Ⅳまで）「**広汎性発達障害**」

Keyword：広汎性発達障害

として分類されていた一連の障害に**自閉症スペクトラム障害**という用語が使われるようになりました。「スペクトラム（連続体）」という考え方は，自閉症の特徴が強くあらわれているために日常生活や社会適応に困難がともない，特別な支援を必要としている状態と，自閉症圏の特徴があるけれども，とくに「障害」と言えるほどの困難はなく，社会生活に適応している状態とを連続的にとらえる概念です。（図13－4）。

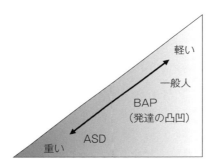

ASD：Autiutic Spectrum Discrder　自閉症スペクトラム障害
BAP：Broad Autisum Phenotype　自閉症圏の特徴

図13－4　自閉症スペクトラムのイメージ
（森・杉山・岩田，2014より作成）

2　自閉症の特徴

精神科医療の現場で用いられる診断基準であるDSM-5では，自閉症の特徴を次の2点からとらえ，これらの症状が発達の早期（3歳以前）から出現するとしています。

> A）社会的コミュニケーションおよび相互的関係性における持続的障害
> 　他者の気持ちに共感することが難しい。言語発達の遅れ，独特の言葉の使

Keyword：自閉症スペクトラム障害

い方がみられる。表情や態度から相手の気持ちを読み取ることや，場面にふさわしい態度，会話を持続することが困難である。
B）興味関心の限定および反復的なこだわり行動・常同行動
　こだわりが強く，興味を持ったものや，物の位置，順序等の同一性保持に強い執着を示す。儀式的な反復行動や，自己刺激的な常同行動がみられる。知覚過敏性（光や音の刺激に過剰な反応を示す）や知覚鈍感性（通常苦痛を感じるような刺激に無反応である）が随伴することがある。

　自閉症は，重度の知的障害を合併している人から，知能指数が通常より高い人にまで幅広くみられ，その状態像も多様です。知的障害を合併している症例では，臨床的な問題のどこまでが知的障害によるもので，どこからが自閉症によるものなのか区切ることは難しいのです。従来は，知的障害のある人が7割から8割と言われていましたが，近年，知的障害をともなわないタイプの自閉症（**高機能自閉症**）についての認知が広がるにつれ，実際には，知的障害をともなわない自閉症の人が多数派なのではないかという可能性が指摘されています。てんかんを発症する自閉症児・者の割合は高く（診断を受けている自閉症児・者の20％以上），このような事実も，自閉症が脳の機能・器質障害であることの根拠となっています。

3　自閉症への対応

　自閉症の子どもたちの中には，知的発達の遅れをともなう人も，むしろ通常より高い知的能力をもつ人もいます。自閉症の子どもたちが共通した特徴として比較的得意なことには以下のようなことがあります。
・入ってきた情報をそのまま記憶すること
・視覚的に情報を処理すること
・自分の興味・関心があることを繰り返し，集中して取り組むこと

Keyword：高機能自閉症

反対に，多くの自閉症の子どもたちが苦手なことは以下のようなことです。
・抽象的なものを理解すること
・耳で聞いただけで話の内容を理解すること
・未来や相手のことを予測すること
・創造性や変更を求められる活動に参加すること

また，自閉症の子どもたちは，感覚の過敏や，状況理解の困難さからストレスに晒されることも多く，子どもによってはストレスが高くなると，「パニック」と呼ばれる混乱状態に陥って，奇声をあげたり，乱暴な行動をとったりすることもあります。過度に我慢を強いる状態になっていないか配慮しながら，少しずつ友だちとの関係や，体験の幅を広げていくことが大切です。

自閉症の子どもがストレスを感じやすいこと
・過度の身体接触　・大声による指導　・大き過ぎる音，雑音，騒音
・急な予定の変更や中止　・途中で修正させること　・多過ぎる予定
・会話，開かれた質問，言葉のみによる指示　・自発的に行う活動
・散らかった環境，視覚的乱雑さ　・多過ぎる人，広過ぎるスペース

---

③注意欠陥多動性障害（ADHD）

1　ADHDとは

文部科学省はADHDを下記のように定義しています。

年齢あるいは発達に不釣り合いな注意力，及び／又は衝動性，多動性を特徴とする行動の障害で，社会的な活動や学業の機能に支障をきたすものである。また，7歳以前に現れ，その状態が継続し，中枢神経系に何らかの要因による機能不全があると推定される。

ADHDの子どもたちは，じっとしていることが難しく，着席して話を聞いたり，順番を待ったりすることが非常に苦手です。また，気が散りやすく，注意深く指示を聞くことや，物事を順序立ててやり遂げることも困難です。一方で，自分の興味のあることには驚くほどの集中力をみせることがあります。

2 本人の自己肯定感を大切に

小学校の低学年でADHDの症状を示している子どもでも，年齢が上がるにつれて少しずつ自己コントロールの力がつき，10歳を過ぎるころには，症状が目立たなくなる場合もあります。一方で年齢が上がるとともに同年齢の子ども集団の中での不注意や衝動性が目立つようになる子どもたちもいます。失敗を繰り返したり，叱責される経験が多くなったりすることで，自己肯定感が低くなっていきます。その結果，反抗的な態度や暴力的な行為があらわれ，2次的な問題としての学業不振や不登校，非行につながっていくこともあります。

ADHDの子どもを育てる保護者は，同じ指示を何度繰り返してもしたがえず，ルールを破って次々とトラブルを起こすわが子に対して，何とかしなければと躍起になるあまり，注意しているつもりが行き過ぎた叱責や暴力に発展するということも起こりがちです。忘れ物が多く，集中力のない子どもの状態を改善するために協力を求めるつもりで行った担任から家庭への連絡が，保護者も子どもも追いつめることになることがしばしばあります。

「困った子ども」と思われている子ども自身が実は一番困っているのだということを念頭におき，刺激が多すぎる環境を改善したり，不注意を補うための手段を講じたりして，子どもが達成感をもち，自己肯定感を育てられるような関わりができる工夫を保護者と協力して行っていくことが重要です。

④学習障害（LD）

1　学習障害とは

文部科学省は学習障害を次のように定義しています。

> 基本的には全般的な知的発達に遅れはないが，聞く，話す，読む，書く，計算する又は推論する能力のうち特定のものの習得と使用に著しい困難を示す様々な状態を指すものである。学習障害は，その原因として，中枢神経系に何らかの機能障害があると推定されるが，視覚障害，聴覚障害，知的障害，情緒障害などの障害や，環境的な要因が直接の原因となるものではない。

具体的には，次のように学習能力の一部に問題があるという状態をさします。

- 視力に問題がないのに，読んで文章の意味を正確に読み取ることや字の形を正確に書くことが極端に苦手である（**発達性読み書き障害**）。
- 知的障害がないのに，計算や推論ができない（**算数障害**）。

学習障害は通常学童期以降に診断される障害ですが，不器用さ，注意力の弱さ，情緒不安定などがともなうことも多く，このような特徴は，幼児期からみられます。

2　本人の努力不足ではない

学習能力の部分的な欠陥は脳の機能的な問題，あるいは認知の特性であり，本人の努力によって補うには限界があります。それにも関わらず一見して障害があることがわかりにくいために，周囲の理解が得られず，授業についていけないことや，学習内容が身につかないことを本人の努力不足にされ，叱責や，注意を繰り返し受ける中で，自己否定的な態度を身につけてしまうことが多いのです。

Keyword：発達性読み書き障害→p.253　算数障害

LDが疑われた場合には，学習能力のどこにどのような困難があるのかをアセスメントし，できないことを少しずつできるようにしていく努力に加えて，できることや，できる方法を見つけて，得意なことを生かしていけるような支援が重要です。

Review
復習課題
1. 障害の「医療モデル」と「社会モデル」の違いについて説明してみましょう。
2. 「特殊教育」と「特別支援教育」の違いについて説明してみましょう。
3. 「自閉症スペクトラム障害」，「ADHD」，「LD」の特徴と対応のポイントをまとめておきましょう。

Keybook
引用・参考文献
小林徹・栗山宣夫（2016）ライフステージを見通した障害児の保育・教育　みらい
森則夫・杉山登志郎・岩田泰秀（2014）臨床家のためのDSM-5 虎の巻　日本評論社
ローナ ウィング（1998）自閉症スペクトル　―親と専門家のためのガイドブック―　東京書籍
宇野彰（2016）発達性読み書き障害　高次脳機能研究　36（2）170-176　日本高次脳機能障害学会

Column 10

応用行動分析による特別支援教育

●環境に注目する

　Lesson 6 の「学習」のところでも触れましたが，応用行動分析では，行動を「個人と環境との相互作用」としてとらえ，行動の原因を環境に求めます。したがって問題行動が生じるのは，「個人と環境との相互作用」がうまくいっていない状態とみなし，それを解決するためには，周囲の環境を整え，個人のできることを増やす支援をします。発達に障害のある子どもが抱えている困難は1人ひとり違います。個人がもつ要因を探ることも必要ですが，彼らを取り巻く環境に目を向け，彼らと環境との関係性を探ることが大切なのです。その関係性も含めて「行動」としてとらえ，いかに安定した行動を増やすかを考えます。我々はどうしても気になる行動や問題行動に目がいきがちですが，その見方を変え，とにかく今できている行動や適切な行動を見つけ，認め，そしてその割合を増やすことで，相対的に問題行動の割合を減らしていくことをめざします。

●問題行動を環境との関係性でとらえる

　たとえば算数の授業中，落ち着きがなくうろうろしてしまう子どもについて考えてみましょう。先生が「○○くん，座って」と何度注意しても座りません。ADHDや自閉症スペクトラム障害で自己コントロールが難しいのかもしれません。あるいは学習障害で算数の計算が苦手なのかもしれません。このような個人的要因の他に，環境の問題に目を向けてみると，具体的な支援法が見えてきます。先生の指示が正確に伝わっていない，または今何をするべきで，この課題が終わればどうなるのか，といった見通しがもてずにうろうろしている可能性があります。何度も先生に叱られて，課題をすることや席に座ること自体に抵抗を感じているかもしれません。先生や友だちに注目されることで，立ち歩くことが強化されてしまっていることも考えられます。また立ち歩いている間は課題をしなくてすんでいるので，それが強化子になっているのかもしれません。

図13−5　問題行動の分析

● 見通しをもたせ，できたことをほめる

　このように環境との関係性で問題行動をとらえた場合，どのような支援方法が考えられるでしょうか。たとえば聴覚刺激はすぐに消えてしまうので，黒板に課題の内容をわかりやすく書くなど視覚刺激によって指示することが有効かもしれません。また今の課題がおわったら，次はこれをしますという具合に，見通しをもたせることも大切です。そして何より大事なことは少しでも着席したり課題ができたりしたら，そのときこそ注目してほめていくことです。できて楽しい，ほめられてうれしいといった経験を重ねることで適切な行動が増え，その結果として問題行動を減らすことが可能になります。

図13−6　問題行動の支援法

　このように問題行動が生じている環境を見直し，教育環境を整備すること，そして個人の適切な行動のレパートリーを増やすことが応用行動分析による特別支援の基本です。

Lesson 14

教育評価の目的と方法

　「教育評価」と聞いて，何を思い浮かべるでしょうか。多くの人は，「テスト」や「成績」が真っ先に思い浮かぶかもしれません。しかし，「教育評価とはテストを行ったり，順位や成績をつけたりすることだ」というのは，教育評価に対する考え方としては非常に狭いものです。Lesson14では，教育評価の多様な目的や方法について学んでいきます。

P_{rep}

予習課題

1. 教育評価の目的とは何でしょうか。自分のこれまでの経験をもとに，評価を行う目的について考えてみましょう。
2. 教育評価を行うための方法にはどのようなものがあるでしょうか。テスト以外の方法について考えてみましょう。
3. 教育評価によって，学習者はどのような影響を受けるでしょうか。考えられることをあげてみましょう。

1. 教育評価とは

　教育評価とは，テストや発問，観察などを通して得られた情報をもとに，学力や学習状況について判断し，その後の指導や学習に活用するといった一連のプロセスといえます。ここで，同じ情報であっても，学習状況についてどのような判断をするかは教師や状況によってさまざまです。たとえば，ある発問に対して適切に回答できなかった場合に，「授業内容を理解できていない」と考えるかもしれませんし，「何を問われているのかがわからなかっただけで，発問の意味がわかれば回答できるはずだ」と考えるかもしれません。また，どのような判断をしたかによって，その後の教師の行動は変わってくると考えられます。たとえば，授業内容が理解できていないと判断した場合には，別の方法で教え直したり，授業内容に関する課題を宿題にしたりするかもしれません。

　このように，ただテストを行ったり，成績をつけたりすることだけが教育評価なのではありません。テストや発問は，学習状況について情報を得るための手段に過ぎず，「学習状況についてどのような判断をし，指導や学習にどう活用するか」という視点が，教育評価においてはとくに重要になります。

2. 教育評価の目的

(1) 指導における教育評価の目的

　アメリカの教育心理学者であるブルーム (Bloom, B. S.) は，指導にどう活用するかという目的によって，教育評価を表14−1のように分類しました。

診断的評価は，適切な教育実践計画を立てるために，入学時や授業開始時などに行われます。次に**形成的評価**は，実践計画の修正や指導改善に活用することを目的に，実践開始後に行われます。たとえば，平行四辺形や台形などの四角形の分類について授業を行っている過程で，「平行」の概念について理解できているかを小テストや発問によって確認することは，形成的評価といえます。最後に**総括的評価**は，実践全体について振り返るために，実践終了後に行われます。また，多くの場合，総括的評価をもとに成績がつけられます。「教育評価」というと，成績や入試がイメージされるのは，「教育評価＝総括的評価」という誤解によるものといえます。しかし，このような評定のための総括的評価は，教育評価の目的の1つでしかありません。

　ここで，1つ注意する必要があります。それは，たとえば「授業中に小テストを行うことは形成的評価である」「単元学習後にテストを実施することは総括的評価である」といったように，実施時期によっていずれかに分類されるわけではないということです。3つの教育評価は，どのような役割を果たすかによって区別されます。つまり，授業中に小テストを実施したとしても，指導に活用されなければ形成的評価とはいえません。一方で，単元学習後や学年末に実施されるテストであっても，次の単元や学年の指導に活用されるのであれば，それは形成的評価ともいえます。このように，3つの分類は便宜的なものであり，複数の目的をもって評価が実施されることもあります。

表14-1　指導への活用目的による教育評価の分類

診断的評価	学習の前提となるような知識・技能が獲得されているかを判断し，教育実践計画に活用するために，教育プログラムを実施する前に行われる評価
形成的評価	児童・生徒の学習状況について判断し，指導・学習改善に活用するために，教育プログラムの進行過程で適宜行われる評価
総括的評価	全体的な成果を判定するために，教育プログラムの実施後に行われる評価

Keyword：診断的評価　形成的評価　総括的評価

(2) 学習における教育評価の目的

　教育評価は，教師が指導に活用するためだけに実施されるものではありません。児童・生徒の学習を支援することも，教育評価の目的の1つです。つまり，教育評価を通して学習に対する動機づけを高めたり，適切な学習を促したりすることが重要になります。実際に，評価は動機づけや学習にさまざまな影響を与えます（p.223およびコラム⑪参照）。

　評価を通して学習支援を行ううえで，重要になるのがフィードバックです。フィードバックを行う際には，目標に照らしたときの現在の達成レベルと，目標を達成するための具体的な方策を伝えることが重要になります。たとえば鈴木（2011）では，テスト結果をフィードバックする際に，ルーブリック（p.219参照）を生徒に提示することで，テストを学習改善に活用しようとする傾向が高まることが示されています。これは，ルーブリックを参照することで，自身の達成レベルが把握できると同時に，どうすれば達成レベルを高め，より高い評価が得られるのかという自己改善のための指針が明確になるためと考えられます。

3．教育評価のための方法

　学力や学習状況について情報を得るための方法には，テスト以外にもさまざまなものがあります（表14-2）。本節では，**パフォーマンス評価**と**ポートフォリオ評価**について説明します。これらは，真正の評価を実現するうえで重要な方法と考えられています。「**真正の評価（オーセンティック・アセスメント）**」という評価論は，人が現実世界で直面するような問題解決場面（真正な文脈）で評価は行われるべきであるという考えのことです。

Keyword：パフォーマンス評価　ポートフォリオ評価　真正の評価→p.249

表14-2　教育評価のための方法

テストによる評価	パフォーマンス評価	観察や対話による評価
・空所補充式テスト ・多肢選択式テスト ・記述式テスト　など	・実験レポート ・演奏 ・プレゼンテーション　など	・活動の観察 ・発問 ・面接　など
ポートフォリオ評価		

（1）パフォーマンス評価

　作品の制作（実験レポート，絵画など）や実演（演奏やプレゼンテーションなど）をはじめ，特定のパフォーマンスをもとに児童・生徒の知識や技能について評価する方法をパフォーマンス評価といいます。なお，表14-2では「テストによる評価」と「パフォーマンスによる評価」とが区別されていますが，その境界は明確なものではなく，あくまでも便宜的なものです。たとえば小論文は，パフォーマンス評価と位置づけられることもあれば，テストの1つと位置づけられることもあります。

　パフォーマンス評価には，評価者によって評価結果が変わりやすいという問題があります。そのため，児童・生徒のパフォーマンスはルーブリックを利用して評価されることが一般的です。**ルーブリック**とは，達成レベルと，各レベルのパフォーマンスの特徴を記した記述語から構成される評価基準表です。例として，中学校家庭科において創作レシピの作品評価を行うためのルーブリックを表14-3に示します。

　ただし，ルーブリックを用いても，評価者によって評価結果が異なってしまう可能性はあります。そのため，複数の評価者がいる場合には，評価者たちが集まり，実際の作品や答案とルーブリックをもとに討議を行い，評価結果の一貫性を確保することが有効と考えられています。これは**モデレーション**と呼ばれます。

Keyword：ルーブリック　モデレーション

表14-3　創作レシピの作品評価を行うためのルーブリック（田中，2017）

評価の レベル	評価の観点		
	栄養面での工夫	調理技法の活用	オリジナリティー
3	三大栄養素をバランスよく含むとともに，ビタミン，ミネラル，食物繊維にも配慮したメニューになっている。	煮る，切る，盛り付けるという3つの技法に加えて，配色や味付けについて優れた力量を発揮している。	料理を食べる者に驚きや感動をもたらす独自性があり，人への思いや作者の個性が表れている。
2	糖質・タンパク質・脂質の三大栄養素をバランスよく含んだメニューになっている。	煮る，切る，盛り付けるという3つの習得すべき技法がしっかりと発揮されている。	料理のイメージがユニークであり，彩り，食材選択，盛り付けなどが独自である。
1	三大栄養素の全体的なバランスが取れていない。	煮る，切る，盛り付けるという技法が丁寧になされていない。	料理のイメージが一般的であり，工夫が少ない。

（2）ポートフォリオ評価

　児童・生徒の作品や自己評価の記録，調べたこと，メモ，教師の指導と評価の記録などをまとめた学習ファイルを，**ポートフォリオ**といいます。ポートフォリオ評価は，ポートフォリオを活用して，児童・生徒の学習について振り返る評価です。ポートフォリオによって，それまでの学習の蓄積が視覚化され，何をどのように学習してきたのかが把握しやすくなります。たとえば，過去から現在に至るまでに制作した芸術作品を振り返ることで，普段は意識しないような自身の成長が把握しやすくなります。

4．評価基準

　表14-2に示したような方法で得た情報をもとに学習状況について判断す

Keyword：ポートフォリオ

るには，何らかの基準が必要になります。たとえば，算数のテストを実施したときに，ある児童の点数が75点であったとします。この情報だけをもとに，その子どもの学習状況を判断することは困難なので，評価基準を利用します。この評価基準によって，教育評価は相対評価と絶対評価，個人内評価の大きく3つに分けられます。ただし，これらの基準はいずれか1つだけが用いられるというわけではなく，複数の基準を同時に利用することも可能です。

（1）相対評価

相対評価では，特定の集団全体の成績から評価基準を設定します。たとえば「クラスの平均点よりも高い点数だったので，算数が得意だ」など，平均点と比較することは相対評価です。また，クラス内で順位をつけることも相対評価になります。1955年版の**指導要録**から2001年の指導要録改訂まで，児童・生徒の各教科の成績は相対評価にもとづいて評定されていました。具体的には，児童・生徒に順位をつけ，上位7％（30人学級ならば2人程度）には「5」，次の24％には「4」を割りあてるという方法を採用していました。

さらに，受験生にとっては馴染み深い偏差値も，相対評価です。たとえば，テストの得点の分布が左右対称の釣り鐘型である正規分布のときに，偏差値60は上位約16％（受験者が100人ならば約16位），偏差値70は上位約2％の位置にいることを意味します（図14－1）。このように偏差値というのは，集団の中での相対的な位置（順位）をあらわすものです。そのため，テストの得点に限らず，たとえば身長や体重なども偏差値に換算することができます。

相対評価の利点は，評価者によって結果が変わりにくいことです。一方で問題点として，たとえばテストで毎回80点以上を取っていても，他の子どもがそれ以上の点数を取っている場合には高い評定にならず，「1」や「2」をもらうことになってしまう可能性があります。つまり，いくら努力をして

Keyword：相対評価　指導要録→p.248

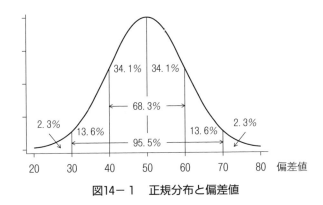

図14−1　正規分布と偏差値

成果を出しても，そのことが評価結果に反映されないことがあり，成長が実感されにくいという問題があります。

（２）絶対評価

絶対評価という言葉は，複数の意味で用いられます。まず，「70点以上なので算数が得意だ」と考えるなど，得意か否かを判断するための基準が教師の主観によって設定されている場合，**認定評価**と呼ばれます。また，「身の回りの事象から目的に応じたデータを収集し，表やグラフに適切に表現する」といった教育目標や教育内容などと照らしあわせて到達基準を設定し，その基準にしたがって評価する場合は，**到達度評価**と呼ばれます。こうした到達度評価では，すべての人が基準を満たすことが可能であり，目標に対する1人ひとりの到達度を把握することができます。ただし，到達基準を客観的に決めることは難しいという問題があります。

2001年の指導要録改訂では，「基礎的・基本的な内容の確実な習得を図るなどの観点から，学習指導要領に示す目標を実現しているかどうかの評価を

Keyword：絶対評価　認定評価　到達度評価

重視し，現在いわゆる絶対評価を加味した相対評価をすることとされている各教科の評定を，目標に準拠した評価（いわゆる絶対評価）に改める」（文部科学省，2000）と，相対評価の廃止と絶対評価への転換が明示されています。なお，**目標に準拠した評価**とは，認定評価ではなく，到達度評価を引き継ぐものとして位置づけられたものです。

（3）個人内評価

個人内評価は，**横断的個人内評価**と**縦断的個人内評価**の2つに分けられます。横断的個人内評価は，たとえば「計算問題は得意だが，図形に関する問題は苦手だ」など，1人の児童・生徒について複数の側面を比較する方法です。また縦断的個人内評価は，たとえば「指を使わなくても足し算ができるようになった」など，1人の児童・生徒が以前に比べてどのように変化したのかを評価する方法です。

縦断的個人内評価を適切に行うことで，児童・生徒の進歩や成長をみとることが可能になります。相対評価の場合，いくら努力をしても，周りも同じくらい努力をしていると，自分の成長が把握しにくくなります。また，到達度評価も，児童・生徒全員が目標に到達できるとは限りません。一方で個人内評価では，「到達目標（例：25mを泳ぐ）には到達できなかったが，まったく泳げない状況から15mまでは泳げるようになった」といったように，個人の成長や学習の成果を積極的に評価することができます。

（4）評価基準と動機づけ

評価基準は，学習状況について判断するためだけのものではありません。どのような評価基準を用いるかによって，児童・生徒の動機づけは影響を受

Keyword：目標に準拠した評価→p.254　個人内評価　横断的個人内評価　縦断的個人内評価

けることが知られています。そのため，児童・生徒への影響も考慮しながら，評価基準を使い分けることが重要になります。

　一般に，相対評価と比較して，到達度評価と縦断的個人内評価は児童・生徒の動機づけに対して，肯定的な影響を与える傾向にあります。これは，相対評価が行われると緊張や不安を感じやすいのに対し，到達度評価や縦断的個人内評価では，できるようになったことが積極的に評価されることから，有能感が感知されやすいためと考えられます。たとえばシー（Shih, S.）らは，小学4年生を対象とした実験によって，過去の成績をグラフ化して示すという縦断的個人内評価を行うことで，成長が実感され，自己効力感が高まることを示しています。このように，学習に対する動機づけを高めるためには，何がわかる・できるようになったのかなど，自身の成長を実感させることが重要といえます。

5．妥当性と信頼性，採点のバイアス

　評価方法は，評価を行う目的によって使い分けられることが重要になります。しかし，評価したいと思う学力を正確に評価することは容易ではありません。本節では，妥当性，信頼性，採点のバイアスという3つの観点から，評価を行う際に注意すべき点について説明します。

（1）妥当性

　妥当性は，評価したいと思う学力が評価結果に正確に反映されている程度のことです。たとえば読解力を評価することが目的なのであれば，「高い評価を得た人ほど読解力がある」と判断できる課題は，妥当性が高いと言えま

Keyword：妥当性

す。

　妥当性にはさまざまな側面がありますが，テストの場合はとくに，「評価したい内容から偏りなく，問題項目が抽出されているか」という内容的妥当性が重要になります。たとえば小学校で学習する算数の知識や技能について評価したい場合には，計算問題のみで構成されたテストでは，十分な妥当性があるとはいえません。それは，「図形」や「変化と関係」などの領域に関する問題項目が含まれておらず，テスト内容に偏りがあるためです。

（2）信頼性

　信頼性は，結果の一貫性や安定性のことです。信頼性には，「評価者が変わっても同じ結果になるか」（評価者間一貫性），「時間を置いて改めて評価しても同じ結果になるか」（評価者内一貫性），「課題が変わっても同じ結果になるか」など，複数の側面があります。評価者によって結果が変わったり，同じ評価者であっても採点をするたびに結果が変わったりしてしまうということは，学力を正確に評価できていないことを意味します。そのため，妥当性とともに信頼性を高めることも重要です。

　空所補充式（穴埋め式）や多肢選択式のテストでは，いつ誰が採点しても同じ結果が得られるため，基本的に評価者間一貫性や評価者内一貫性は高くなります。一方で，記述式のテストやパフォーマンス評価では，一貫性を高めることは難しいです。そのため，ルーブリックを用いて評価基準を明確にしたり，モデレーションを行ったりするなどの工夫が必要になります。

（3）採点のバイアス

　小論文やレポートなどによって評価を行う場合には，採点のバイアスにも

Keyword：信頼性

注意する必要があります。たとえば採点の順序や採点者の疲労，文字の美しさなどによって，同じ内容でも採点結果は変わってしまう可能性があります。

　採点のバイアスに関しては，**ハロー効果**（光背効果，後光効果）と呼ばれる現象がよく知られています。ハロー効果とは，ある人物について評価する際に，その人がある側面で望ましい（あるいは，望ましくない）特徴をもっていると，別の側面についても望ましい（望ましくない）と判断してしまう傾向のことです。たとえば成績の良い（悪い）児童・生徒は，人格面においても優れている（劣っている）と判断されやすいかもしれません。こうしたバイアスの影響を受けてしまいがちであるということにも留意して，評価を行うことが重要です。

*R*eview

復習課題
1. 診断的評価，形成的評価，総括的評価それぞれの目的を説明しましょう。
2. 絶対評価，相対評価，個人内評価それぞれの特徴を説明しましょう。
3. パフォーマンス評価のメリットとデメリットについて考えてみましょう。
4. 採点のバイアスを減らすための工夫について考えてみましょう。
5. 児童・生徒の学習を促すためには，どのように評価を行うことが重要でしょうか。あなたの考えを述べてみましょう。

*K*eybook

引用・参考文献

ブルーム，B. S., ヘスティングス，T. H., & マダウス，G. F.著　梶田叡一・渋谷憲一・藤田恵璽訳（1973）教育評価法ハンドブック　第一法規

Hattie, J., & Timperley, H. (2007) The power of feedback. *Review of Educational Research*, 77, 81-112.

鹿毛雅治（1996）内発的動機づけと教育評価　風間書房

---

*K*eyword：ハロー効果

鹿毛雅治（2000）学びの場で経験される評価―豊かな学びが生まれるために― 長尾彰夫・浜田寿美男編著 教育評価を考える ミネルヴァ書房 75-115

梶田叡一（2002）教育評価〔第2版補訂版〕 有斐閣双書

文部科学省（2000）児童・生徒の学習と教育課程の実施状況の評価の在り方について（答申）

文部科学省（2010）小学校，中学校，高等学校及び特別支援学校等における児童・生徒の学習評価及び指導要録の改善等について（通知）

村山航（2003）テスト形式が学習方略に与える影響 教育心理学研究 *51*, 1-12

西岡加名恵・石井英真・田中耕治編（2015）新しい教育評価入門―人を育てる評価のために― 有斐閣

Shih, S., & Alexander, J. (2000). Interacting effects of goal setting and self- or other-referenced feedback on children's development of self-efficacy and cognitive skill within the Taiwanese classroom. *Journal of Educational Psychology, 92*, 536-543.

鈴木雅之（2011）ルーブリックの提示による評価基準・評価目的の教示が学習者に及ぼす影響―テスト観・動機づけ・学習方略に着目して― 教育心理学研究 *59*, 131-143

田中博之（2017）実践事例でわかる！ アクティブ・ラーニングの学習評価 学陽書房

Column 11

教育評価が学習方法に与える影響

　評価が行われることで，学習者はさまざまな影響を受けます。そのため，評価活動を通して適切な学習を促すためには，学習者がどのような影響を受けるかについて知る必要があります。

　村山（2003）は実験を行い，テストの形式によって，学習者の学習方法（学習方略）が変わることを示しています。村山は，中学2年生を対象にした歴史の授業の中で，毎授業後に確認テストを実施しました。そして，テストの形式をクラスによって変えました。あるクラスでは，「第一次世界大戦が終結した理由は何か」といった記述式の問題で構成されたテストを行いました。また，別のクラスでは，「1917年に起きた（　　）でロシアがソ連となると…」といった空所補充式の問題で構成されたテストを実施しました。そして，5回目の授業が終わった後に，どのように学習しているかについて調査を行いました。その結果，確認テストの形式が記述式であったクラスでは，意味理解をめざした学習が促されたのに対し，空所補充式であったクラスでは，意味理解をともなわない丸暗記が促されました。

　説明が求められる記述式テストでは，「第一次世界大戦」や「ロシア革命」などの学習内容同士を関連づけたり，「なぜ，その出来事が起きたのか」といった因果関係について理解したりする必要性が生じます。一方で，空所補充式のテストでは，学習内容同士の関連などに注意を向ける必要性がないと思われやすいために，丸暗記に頼った学習がされやすくなったのだと考えられます。このように，児童・生徒は，「何を評価されるのか」ということに敏感に反応するといえます。そのため，評価を行うことで児童・生徒にどのような影響が起こるか，ということも考えながら評価を行っていく必要があります。

Lesson 15

社会につながる教育

　社会が変われば教育も変わります。その反対に教育が変われば社会も変わるかもしれません。時代を問わず，変わりゆく社会の中で，子どもたちはいずれ社会人になります。これからの時代を担う子どもたちは，学校時代に何をどのように学べばよいのでしょうか？

　Lesson15ではキャリア発達という観点から，社会と教育の関係性を問い直し，社会につながる教育のあり方とつくり方を考えてみます。

P_{rep}
予習課題

1. もし学校がなくなったら，子どもや社会はどのような影響を受けることになるでしょうか？　いくつかのシナリオを描いてみてください。
2. もし受験や定期テストがなくなったら，みなさんはどれくらい勉強するでしょうか？　自分を例にとって，その理由もあわせて考えてみましょう。
3. みなさんは将来に対してどのような「希望」を抱き，どのような「不安」を感じているでしょうか？　それぞれをリストアップしてみてください。

1．社会と教育の距離感

（1）子どもが初めて出会う社会

　子どもが最初に出会う社会とはどこでしょうか？　それは家族であり，家庭です。家庭生活を通じて，子どもは生まれ落ちたところで生きていくための人格や社会性の基盤を身につけていきます。たとえ同じ国や地域であっても，家族のカタチはさまざまであり，子どもはその家庭にとってのあたりまえを内面化し，適応していきます。ただし，それはみんなにとってのあたりまえではありません。

　現代社会において，自分にとってのあたりまえが通用しない，そうした事態に否が応でも直面せざるを得ない最初の場所，それが学校です。学校には多様な子どもたちが必然的に集います。自分とは異なる境遇で育ち，異なる価値観をもつ人々と出会い，さまざまな衝突や対立を乗り越えながら一緒によりよく生活していく方法を学んでいくわけです。大人の社会に出るための予行演習であるという言い方もできます。

（2）「社会の縮図」としての学校

　ここで大人の社会と学校という社会の共通性に目を向けてみましょう。子どもは働くことの代わりに学ぶことが求められ，その成果は評価されます。教師と児童・生徒の関係は会社における上司と部下の関係，児童・生徒同士の関係は同僚関係に置き換えることができるでしょう。その際，えこひいきやいじめ，差別などは，学校に限った問題ではなく，大人の社会でも日常的に起きているわけです。このように学校は「社会の縮図」であり，子どもた

ちは集団で共同生活を送ることの光と影の両方を経験することになります。

あわせて，大人の社会に出る前に学校で何をどのように学ぶのかという主題は，「社会の未来予想図」と関わってきます。子どもは「社会の写し鏡」であり，学校教育が抱える課題は，多くの場合，大人の社会と通底しています。だからこそ，未来の社会を見据えながら，そこで必要となる資質・能力や教養をまずは学校時代に身につけておくことが求められるわけです。

（3）求められる「つかず離れず」の関係

学校と社会はお互いに影響をもたらしあう関係にあります。社会が変われば学校も変わり，学校が変われば社会に変化をもたらしうることができるわけです。ただ，両者の距離感をどう保つかについては，常に緊張関係がともないます。

たとえば国家の権力を握る人々が自分たちとは異なる民族や宗教の人々を迫害し，人間の尊厳がないがしろにされる社会があったとしましょう。その社会に何も疑問を抱かず，ただ従順な人間を育てろという要求が社会から突きつけられたら，学校はそれを受け入れるべきでしょうか？　現実には多くの国家がこれに類似したことを行い学校教育は思想教育に使われてきました。しかし本来，学校は，どのような社会にあっても人権尊重の大切さを伝える場所であるはずです。学校は子どもを社会から隔離することで，子どもの権利と子どもにとっての最善の利益を保障する場として機能するべきなのです。

だからといって，もし学校が実社会との接点を過度に失うとどうなるでしょうか？　学校生活を経て大人の社会に放り出されたとき，理想と現実の狭間で子どもはリアリティ・ショックに陥り，不適応を起こす可能性が高まります。あるいは，もし学校が社会の変化を無視し続ければ，大人社会では全く通用しない人間を育ててしまうリスクが高まります。この場合，学校の

常識は社会の非常識になるわけです。

　さまざまな利害が渦巻く中，学校は守るべきものを守りつつ，社会の変化のうち，受け入れるべきものは受け入れながら社会との接点を構築する必要があります。では，今の日本の学校教育はどうでしょうか？　グローバル化など社会の急激な変化に取り残されている可能性は高いといえます。実際に「学校教育のガラパゴス化」と痛烈に批判されることさえあるぐらいです。

　大学3・4年生が就職活動のときに初めて，今の社会はどうなっているのか，自分とはどういった人間なのか，どのように社会と関わろうとしているのか，社会でうまくやっていけるのだろうか，と悩む姿をよく見かけます。社会との適切な接点を失った学校教育がもたらした結果の1つだと言うことができるでしょう。

（4）学校教育のトランジション課題とレリバンス課題

　社会につながる教育という観点から学校教育の課題をあげれば，**トランジション課題**と**レリバンス課題**に大別できます。概要は次の通りです。

①トランジション課題

　トランジション課題とは，学校から社会への円滑な移行を意味します。子どもは家庭生活を送りながら長期にわたる学校生活を経て大人の社会に出ていきます。その社会でしっかりと活躍し，たくましく生きていけるだけの資質・能力を，学校時代から育んでおく必要があるわけです。たとえば，主体性やリーダーシップ，問題発見・解決能力，コミュニケーション能力などです。従来の学校教育に支配的な知識暗記型の受動的な学びで得られる資質・能力とは，果たして何でしょうか？　よい大学に行けば人生安泰という時代は終わりを告げています。現代社会で通用する実力を養うという観点から学

Keyword：トランジション課題　レリバンス課題

びの方法を抜本的に見直し，再チューニングする必要に学校は迫られているといえます。

②レリバンス課題

　レリバンス課題とは，子どもにとっての学びの有意味性や関連性をさします。何のために学んでいるのか，あるいは，学ぶ内容に自分との関連性をどう見出せているのかに関わります。各種の調査結果によれば，日本の子どもたちはペーパーテストでは国際的に高い成果を示していますが，学ぶ意味や社会での有用性などは実感できていません。それは受験や定期テストのためというレリバンスが強いからかもしれません。もし受験がなかったら，みなさんは学校の授業を真剣に受けたでしょうか？　改めて考えてみてください。

2．キャリア教育への誘い

（1）進学指導／進路指導とは異なるキャリア教育

　近年，盛んにキャリア教育の重要性と必要性が叫ばれています。ここでいう**キャリア**とは，人が生涯の中でさまざまな役割を果たす過程で，自らの役割の価値や自分と役割との関係を見出していく連なりや積み重ねの総体をさします。そして，社会の中で自分の役割を果たしながら，自分らしい生き方を実現していく過程を**キャリア発達**と呼びます。キャリア教育とは，そうした過程を意図的・計画的・組織的に生み出そうとする営みをさします。

　先述したトランジション課題とレリバンス課題の解決は，このキャリア教育との関連で考える必要があります。従来の学校教育が「社会の中で生きる」ということと十分に結びついていないという批判のあらわれという見方がで

Keyword：キャリア　キャリア発達

きます。実際に卒業させるまでが自分たちの責任と考える教師は思いの他多いです。受験がある限り，それを乗り越える必要があり，そのための対策を中心にせざるを得ないという声も根強いです。この場合，キャリア教育は，進学先を決定するための「進路指導／進学指導」としての役割に矮小化されることになります。学習指導も生徒指導もそれに向けて組み立てられます。

　では，進学後はどうなのでしょうか？　進学先で子どもたちはしっかりと学び，活躍できているでしょうか？　就職後も然りです。ある調査によれば，高校生のときの学びや成長との向き合い方が，大学生や社会人になってもそう簡単には改善されないことが明らかになりつつあります。短期的な利益の追求が，中長期的な損失を招いている可能性があるわけです。あのときの学びで私の人生は変わった，あのときの学びが私の人生の支えになっている，そうした学びを学校教育は実現できているのか，キャリア教育はそこを問うているわけです。

（2）キャリア教育で育成すべき力：基礎的・汎用的能力

　ではキャリア教育で育成すべき力とはどういったものでしょうか？　高校までの学校教育は主に**普通教育**を担っており，特定の職業のための準備教育を必ずしも担うわけではありません。ただ，さまざまな分野や職種に関わらず，社会的・職業的自立に向けて必要となる力を，最大公約数的に抽出する努力は可能です。たとえば，表15－1のリストが国の審議会では提案されています。このリストをもとに，自分が受けてきた学校教育を評価してみてもよいかもしれません。

Keyword：普通教育→p.253

表15-1　キャリア教育で育成すべき力：基礎的・汎用的能力

人間関係形成・社会形成能力
多様な他者の考えや立場を理解し，相手の意見を聴いて自分の考えを正確に伝えることができるとともに，自分のおかれている状況を受け止め，役割を果たしつつ他者と協力・協働して社会に参画し，今後の社会を積極的に形成することができる力（他者の個性を理解する力，他者に働きかける力，コミュニケーション・スキル，チームワーク，リーダーシップ等）
自己理解・自己管理能力
自分が「できること」「意義を感じること」「したいこと」について，社会との相互関係を保ちつつ，今後の自分自身の可能性を含めた肯定的な理解にもとづき主体的に行動すると同時に，自らの思考や感情を律し，かつ，今後の成長のために進んで学ぼうとする力（自己の役割の理解，前向きに考える力，自己の動機づけ，忍耐力，ストレスマネジメント，主体的行動等）
課題対応能力
仕事をするうえでのさまざまな課題を発見・分析し，適切な計画を立ててその課題を処理し，解決することができる力（情報の理解・選択・処理等，本質の理解，原因の追究，課題発見，計画立案，実行力，評価・改善等）
キャリアプランニング能力
「働くこと」の意義を理解し，自らが果たすべきさまざまな立場や役割との関連を踏まえて「働くこと」を位置づけ，多様な生き方に関するさまざまな情報を適切に取捨選択・活用しながら，自ら主体的に判断してキャリアを形成していく力（学ぶこと・働くことの意義や役割の理解，多様性の理解，将来設計，選択，行動と改善等）

　ちなみに，みなさんはこのリストにどれくらい賛同・共感できるでしょうか？　国が提示したからといって鵜呑みにする必要はありません。あくまでも仮説的な枠組みであり，さまざまなリストが提案されています。大事なことは，各種リストを参考にしながら，何のためにどういった資質・能力を育もうとしているのかを，自分たちの頭で考えることです。目の前の子どもの成長・発達を支えあう多様な関係者との対話，そして，丁寧な合意形成が必要になります。ぜひみなさんもこの機会にじっくりと吟味し，語りあってみてください。

（3）現代社会を生きる子どもたちの心理

　ここまで主に学校の社会的機能という観点から，その見直しの必要性を考えてきました。ここでは子どもの心理という観点から考えてみましょう。なぜならば，学ぶのは子どもであり，人生の主人公もまた1人ひとりの子どもだからです。目の前の子どもの気持ちを無視した教育ほど危険なものはありません。

　ここで，電通総研が実施した「若者まるわかり調査2015」の結果を紹介しておきましょう。その調査からはウラハラ・マインドをもつ若者像が浮かび上がってきました。すなわち，次のようなものです。

①日本の将来は不安だけど，日本のことは好き
②つながっていたいけど，リセットしたい人間関係
③自分たちが社会をリードしたいけど，変えることまでは考えていない男子
④老後の生活が不安だけど，今は楽しみたい女子
⑤ほしいものはあるけど，堅実・節約家と思われたい

　思いあたる節はあるでしょうか？　筆者には若者が抱く心の葛藤がよくあらわれているように感じます。この先どうなるかよくわからない現代社会（＝リスク社会）を生きる若者は，大人が思う以上に自立することへの不安を強く抱えています。若者の低欲求化や保守化などはその不安が表面化した社会的適応の結果だと言えるでしょう。

　実際に，挑戦することよりも失敗を避けることに労力を割き，何事にも無難であることを選択する若者，さらには，効率性・計画性・確実性のみを考えてキャリアを選択しようとする若者が増えてきています。繰り返しますが，それが若者なりの社会的適応の結果だということです。学校教育やそこで展

開されるキャリア教育が、その心理や行動選択に拍車をかけている可能性は否めません。しかし若者の心理や実態を踏まえれば、危機や不安を煽り、とにかく早くから自立を急かす方法は逆効果なのです。

　発達心理学の成果をもとに考えれば、学校生活は社会的責任が猶予される**モラトリアム**を保障する場でもあります。挑戦にともなう失敗もまた積極的に許容し、さまざまな役割実験を通じて、社会との関わりの中で自らの可能性や適性などを模索する場であることを、しっかりと理解しておく必要があります。そして、そもそも教科学習や教科外活動が、社会との関わりの中でさまざまな役割実験を可能とする機会を提供できているのかが問い直される必要があります。すべての学びがキャリア発達につながりうるわけで、職業体験・就業体験、ボランティア活動などだけがキャリア教育ではないからです。

3．社会につながる教育のあり方とつくり方

（1）キャリア発達における予期せぬ偶然との出会い

　将来の成功に向けて、今はひたすら耐え忍ぶというキャリア展望に、ポジティブ心理学は実証的な根拠をもとに疑義を示し始めています。いかに「今・ここでの生活」を充実させるかが将来の成功に関わるというのです。将来を見据えることは大事ですが、今の自分が思い描く将来に縛られ過ぎるべきではありません。世の中は自分の知らないことだらけです。自分が知らない新しい世界に触れれば新しい発見があるわけで、人は学びを通じてどんどん変化していきます。そうすれば思い描く将来も変わるわけです。

　現在のキャリア教育は計画的・効率的にキャリア発達を考えることが重視

Keyword：モラトリアム→p.254

され、その立場が主流を占めています。それとは異なる考え方を紹介しておきましょう。それは**プランド・ハップンスタンス**（Planned Happenstance：計画された偶然）という理論です。この理論の背景には、成功を収めたビジネスパーソンを対象にキャリア分析を行った結果、実に8割の対象者が「現在の自分のキャリアは予期せぬ偶然に因るところが大きい」と答えたという事実があります。そして、大きな方向性をもちながら、開かれた心をもって偶然の出来事や出会いに接することが、ポジティブなキャリア発達につながることを主張しています。予期せぬ偶然を手に入れるために大事なことは、次の通りです。

---

①好奇心：たえず新しい学習の機会を模索し続ける
②持続性：失敗に屈せず、努力し続ける
③楽観性：新しい機会は必ず実現する、可能になるとポジティブに考える
④柔軟性：こだわりを捨て、信念、概念、態度、行動を変える
⑤冒険心：結果が不確実でも、リスクを取って行動を起こす

学校教育もまたこうした考え方にもとづきながら、さまざまな社会との新しい出会いを演出する必要があるのではないでしょうか？

（2）学びにおける学校教育的常識の再考

社会につながるという観点から学校での学びを改めて問い直してみた場合、最も重要な問題は「生きた文脈」が学びに与えられていないということがあります。教科書に書かれてあることは、大抵の場合、子どもにとっては遠い世界のことです。学校種が上がれば上がるほど、その傾向は強まります。学ぶ意味を見出しづらくなるのです。教科書が教材の宝庫であることは確かで

Keyword：プランド・ハップンスタンス→p.253

すが，それ自体は無機質なものなのであり，高野豆腐のようなものだと言えるでしょう。高野豆腐を水で戻してからおいしく調理するように，教科書もまた子どもの生活や子どもを取り巻く社会をくぐらせる必要があるのです。

認知心理学が明らかにしてきた通り，子どもはすでに体験したことや既存の知識と関連づけながら新しい知識を再構成することで学びます。学習内容と子どもの認知構造がしっかりと結びつくときに**有意味受容学習**（Lesson10参照）が成立するわけです。ただし，そのプロセスは子どもの頭の中だけで起こるわけではありません。個人と環境（自然や物など）との主体的な関わりあい，さらには，多様な他者との主体的な関わりあいの中でこそ，学びはより生きたものになっていきます。その際，「おもしろい！」「なるほど！」などという感情の生起が，子どもを学びに駆り立てたり，学びを定着させたりすることに寄与することが知られています。

また，子どもたちは学びを通じて，特定の知識やスキルを獲得するだけではなく，その獲得方法や活用方法もまた学びます。さらに言えば，学びに向かう態度もつくり出します。では受験や定期テストのために学ぶ場合，どうなるでしょうか？　より高い点数を得るために，授業で扱われた知識やスキルを覚えるだけでなく，テストの出題内容や形式にあわせて，授業中のポイントを見極め，効果的かつ効率的な方法を体得することになります。学ぶとは出題者が求める答えをあてることという態度も身につけることになります。そのすべてを否定するつもりはありませんが，社会とのつながりという点では明らかに不十分です。

（3）社会につながる教育の実現に向けて

私たちが思っている以上に，現状の学校での学びは社会や生活との文脈から切り離されています。子どもたちが学びの必然性を見出しづらい原因はそ

Keyword：有意味受容学習

こにあります。ではどうすればよいのでしょうか？　その鍵は「Learning about ○○（学習内容）」から「Learning as △△（社会的役割）」への転換にあります。

　要するに，実際の生活や社会で営まれている真正性のある状況設定のもとで，その社会的役割になりきって学ぶことがポイントになります。たとえば，科学について学ぶだけではなく，科学者が研究するように科学という営みを学ぶのです。社会について学ぶだけではなく，ジャーナリストが取材するように社会の現実や歴史的背景を学ぶのです。私たちの生活や社会には，科学技術や歴史などが埋め込まれています。最も身近な衣食住についても，消費者の立場からでは見えてこない現実が，生産者の立場になりきることで見えてきます。衣食住に関わる科学者，運動家，歴史家，ビジネスパーソン，それぞれが異なる見方や考え方，ふるまい方をしています。

　「世界をこんなふうに見てごらん」「世界とこんなふうに関わってごらん」，そうした出会いを真正性のある文脈のもとで学校教育は演出する必要があるのです。そこでのさまざまな役割実験がキャリア教育にもつながります。もちろん，教室での学びは疑似的な状況になりますが，総合的な学習の時間や特別活動の時間と組み合わせれば，実社会で活躍するさまざまな社会的役割を担う方々と協働することが可能です。学校とカリキュラムを社会に開き，教科を横断しながら探究的かつ共創的に学ぶしくみづくりやしかけづくりが求められています。

　最後になりますが，大人の求める社会にあわせて子どもを育てるのではありません。むしろ，さまざまな現実世界を取り上げながら，大人が築いてきた国家や社会，科学，生活などを吟味して，それらを再構築する未来決定の自由が子どもに認められるべきです。「君たちはどう生きるか」を問い，その主題を探求し，チェンジエージェンシーを育む学びを共創することが，これからの学校教育には求められています。

Review
復習課題

1. 学校教育におけるトランジション課題とレリバンス課題を，それぞれ具体例をあげて説明してみましょう。
2. Lesson15の内容を参照しながら，キャリア教育の現状をあなたなりに批判し，その代替案を提案してみましょう。
3. 社会的役割になりきるという観点から，教科学習の改善例を1つあげてみましょう。改善前と改善後を対比してみてください。

Column

もう1つのトランジション課題

　トランジション課題は学校種間の移行問題としても取り上げられることがあります。たとえば「小1プロブレム」「中1ギャップ」「高1ビハインド」「大学0年生」などです。発達の節目である「5歳の坂」「9歳の壁」も移行問題の1つになります。いずれの場合も，新しい環境や次元にうまく適応できるよう，子どもの成長・発達を支えていくことが必要になります。

　現在，連携・一貫教育の推進を通じて，円滑な学校種間の移行の方法が模索されているわけですが，そこには課題もあります。多くの場合，上級学校種のシステムや教育内容・方法を下級学校種に落とし込み，"早取り"しようとしています。早くから先々のことを経験しておけば不適応を防げるという発想です。

　しかし，子どもの発達から考えれば，見直すべきは上級学校種の方なのかもしれません。各発達時期にはそれぞれの発達課題があり，それを達成するだけの豊かな学びが不可欠になります。遊ぶことを学ぶことへ，学ぶことを働くこと・暮らすことへいかに結びつけるか，そうした発想もまた重要になるのです。

人名解説

オールポート(Allport, G. 1897-1967)
　アメリカの人格心理学者，社会心理学者。ドイツ心理学の影響を受けて人格の統一性・独自性・能動性を重視した特性理論を展開しました。

バッドリー(Baddeley, A. 1934-)
　イギリスの心理学者でヨーク大学の教授。記憶の多重貯蔵モデルでは説明できない実験結果を説明するために，ワーキングメモリのマルチプルコンポーネントモデルを提唱したことで有名です。

バンデューラ(Bandura, A. 1925-)
　カナダの心理学者。社会的学習理論を提唱し，学習が他者の観察によっても成立することを示しました。また自己効力感という概念についても提唱し，自信をつけるためには自分自身の成功体験はもちろん，他者の成功体験を観察することも重要だと説きました。

ビネー(Binet, A. 1857-1911)
　フランスの心理学者で，1905年にシモンとともに世界初の知能検査であるビネー・シモン式知能検査を開発した人物。年齢ごとに並べられた課題を作成し，子どもがその課題に回答できれば，その年齢水準に発達していると評定する「精神年齢」という概念を提唱しました。

キャッテル(Cattell, R.B. 1905-1998)
　アメリカの計量心理学者。因子分析的手法を用いて性格の特性因子モデルを提唱したとされています。

エビングハウス(Ebbinghaus, H. 1850-1909)
　ドイツの心理学者。記憶に関するさまざまな実験を行い，忘却曲線を発見しました。また，短期間に集中して記憶する「集中学習」に対して，忘却する前に復習することで記憶にとどめる「分散学習」の有効性を示しました。

エリクソン(Erikson, E.H 1902-1994)
　ドイツ出身の精神分析家，発達心理学者。後にアメリカに亡命。乳児期から老年期までの一生を8つの段階に分け，ライフサイクル理論を提唱。各段階で解決すべき「発達課題」を心理社会的な危機の克服としてとらえました。

アイゼンク(Eysenck, H. 1916-1997)
　ドイツのベルリンで生まれ，イギリスで活躍した心理学者。因子分析というデータ分析を特に用いました。人間の行為は生物的要因と社会的要因の双方によって決定されるという生物社会的視点が特徴です。

ゲゼル(Gesell, A.L. 1880-1961)
　アメリカの心理学者，小児科医。成熟優位説を提唱し，効果的な発達を促すためにはレディネスが整ったうえで，教育や学習など環境からの働きかけをすることが望ましいと説きました。

ゴールドバーグ(Goldberg, L. 1932-)
　アメリカの心理学者。人の性格の特徴を5つ（因子・特性次元）で表すことのできるビッグファイブというパーソナリティ理論を確立しました。ビッグファイブに関する研究の成果は，心理学分野以外でも活用されています。

ジェンセン（Jensen, A.R.　1923-2012）
アメリカの心理学者。発達における相互作用説のなかでも，各特性の遺伝的資質が実現するかどうかは環境条件によって異なるとする環境閾値説を唱えました。

ユング（Jung, C.G.　1875-1961）
スイスの精神分析学者。フロイトの影響を受けて，無意識の方向によって内向性と外向性という性格の分け方を最初に提起しました。

ケーラー（Köhler, W.　1887-1967）
ドイツのゲシュタルト心理学者。チンパンジーを対象として問題解決に関する研究をおこない，試行錯誤による学習ではなく，場所全体を見渡すことで解決に至る洞察による学習があることを唱えました。

クレッチマー（Kretschmer, E.　1888-1964）
ドイツの精神医学者。精神病者への臨床経験をもとに，精神病と体型との関係を普通人の性格と体型との関係に一般化し，性格類型を提唱しました。

ロック（Locke, J.　1632-1704）
イギリスの哲学者であり経験主義者。デカルトの生得的観念の存在を否定し，人間の心は出生時には白紙（タブラ・ラサ）であり，知識は感覚的経験を通してのみ獲得できると論じました。

マズロー（Maslow, A.H.　1908-1970）
アメリカ合衆国の心理学者。精神分析や行動主義心理学などに対して，人間性心理学を確立し，人間の自己実現を研究対象としました。欲求階層説を提唱したことで有名です。

モレノ（Moreno, J.L.　1889-1974）
ルーマニア出身で，アメリカに移住した精神科医，教育者。即興劇的役割演技を取り入れた心理療法のサイコドラマ，学級内の子どもの間の人間関係を表すソシオメトリーの提唱者です。アメリカに移住後は，集団療法の研究と実践を続け，ニューヨーク市で，特に子どもを対象とした集団療法を行いました。

パパート（Papert, S.　1928-2016）
南アフリカ出身。アメリカの数学者，計算機科学者，発達心理学者。プログラミング言語LOGOを開発しました。1960年代にはスイスにおいてピアジェと共同研究を行っており，ピアジェの理論が後のプログラミング言語の開発に大きな影響を与えたとされます。

パブロフ（Pavlov, I.P.　1849-1936）
ロシアの生理学者。消化機能に関する研究により，1904年にノーベル賞を受賞しました。イヌを被験体としておこなった消化腺の実験で，偶発的に「条件反射」という考え方を発見しました。

ピアジェ（Piaget, J.　1896-1980）
スイスの心理学者。生物学的な考え方を基礎に発生的認識論を発展させました。わが子の発達を詳細に観察し，子どもとの対話を取り入れたさまざまな実験による，実証的な研究を行いました。発達を認知構造の変化としてとらえ，思考の発達段階説を提唱しました。

ロジャーズ（Rogers, C.R.　1902-1987）
アメリカの臨床心理学者。クライエン

ト中心療法(Client Centered Approach)の創始者です。自己概念と経験の不一致が不適応や病理を生み出すと説明しました。カウンセリングにおいてカウンセラーの態度、すなわち、「無条件の肯定的関心」、「共感的理解」、「自己一致」を重視しました。また、人間を本来より良く成長しようとしている存在であるととらえる人間性心理学の立場に立ち、その考え方は教育現場にも大きな影響を与えています。

ルソー（Rousseau, J.-J. 1712-1778）
　フランスの哲学者。感受性や主観に重きを置いたロマン主義の先駆者。『エミール』において消極的教育の重要性を説きました。子どもたちの自発性に重きを置き、彼らの諸器官が完成する前に人為的なものである知識や情報を与えるべきではないとしました。

セリグマン（Seligman, M.E.P. 1942-）
　アメリカの心理学者。うつ病や異常心理学について研究し、学習性無力感という現象を示したことで知られます。のちにネガティブな面に目を向けるより、ポジティブにとらえることが人を幸せに導くとして「ポジティブ心理学」という分野を創設しました。

スキナー（Skinner, B.F. 1904-1990）
　アメリカの心理学者。スキナー箱とラットを使った実験により行動の随伴性に関する研究をおこないオペラント条件づけに関する理論を築きました。プログラム学習やティーチングマシンを開発。行動は個体と環境との相互作用だととらえる「行動分析学」を確立しました。

シュプランガー（Spranger, E. 1882-1963）
　ドイツの哲学者、心理学者、教育学者。哲学者ディルタイの影響を受け、人間の基本的な類型を6つに区分しました。また、青年期の自我の目覚めに深い洞察を行い、心理学を基礎とした教育学の分野にも多大な貢献を残しました。

シュテルン（Stern, W. 1871-1938）
　ドイツの心理学者。発達は遺伝的要因と環境要因の2要因が加算的に影響を及ぼすという輻輳説を唱えました。また知能指数(IQ)や知能年齢の指標（計算式）を提唱したことでも有名です。

ヴィゴツキー（Vygotsky, L.S. 1896-1934）
　旧ソビエト連邦の心理学者。社会文化理論を提唱しました。子どもは周囲(大人)の手助けによって課題を遂行できるとし、適切な手助け(教育)によって発達は促進されると考えました（発達の最近接領域）。子どもの発達における文化の役割に焦点を当て、「子どもの文化的発達におけるあらゆる機能は、まず社会的レベルに現れ、そののち個人のレベルに現れる」と主張し、言語は人とのコミュニケーション機能をもった「外言」から、それが内面化して思考のための道具としての言語（「内言」）へと移行するとしました。

ワトソン（Watson, J.B. 1878-1958）
　アメリカの心理学者。それまでの精神主義的概念としての心理学を排棄し、あくまでも刺激に対する反応として生じる行動を研究対象とする行動主義心理学を樹立しました。アルバート坊やの恐怖条件づけの実験をおこない、環境優位説の立場をとりました。

用語解説

アイデンティティ
　→　自我同一性参照

アセスメント
　支援を必要とする個人や事態について，その問題や特性を理解するため，面接や行動観察，検査などの方法を用いて支援に必要な情報を得て，適切な支援の方法を検討する過程のこと。個人や事態の問題点や逸脱行動だけでなく，行動特性や性格，強みなど，多面的な理解が求められます。

医学モデル
　心身の障害をもつ人が直面するさまざまな生活上の困難の原因を個人のもつ心身の能力の欠陥が原因であるとする考え方。たとえば，肢体不自由や視覚障害のある人が自由に外出できないのは，足が動かないとか目が見えないといった個人の身体的欠陥にあるとします。困難の軽減には，障害を克服するための医学的治療やリハビリテーションが必要になります。

生き抜く力
　具体的には，「生きて働く知識・技能の習得」，「未知の状況にも対応できる思考力・判断力・表現力等の育成」，「学びを人生や社会に活かそうとする学びに向かう力・人間性の育成」です。新学習指導要領に示されています。

一般因子（ g 因子）
　スピアマンの 2 因子説において，知的活動に共通して働く一般的で基本的な知能因子のことをさします。近年では，知能に階層的な構造を仮定したCHC理論において最上位におかれており，確認的因子分析を用いたモデルの検討がなされています。

インクルーシブ教育
　さまざまな個性をもつ子どもがいることを前提に，地域の子どもが障害の有無にかかわらず可能な限り一緒に教育を受けることを可能にする教育制度です。インクルーシブ教育の実施は1994年に「特別なニーズ教育に関する世界会議」において採択された「サラマンカ宣言」以降，グローバルスタンダードとなっています。障害があることを理由に教育の場から排除されないことと同時に，1人ひとりの子どものニーズに合わせた配慮の提供により，十分な教育効果を保障していくことが求められます。

インフォームド・コンセント（informed consent）
　説明を受けたうえでの同意の意。心理学的調査研究を進めるうえでは，調査対象者が，研究者等から事前に研究に関する十分な説明を受け，その研究の意義，目的，方法等を理解し，自由意思にもとづいて行う調査協力の同意をいいます。

カウンセリング・マインド
　ロジャースのクライエント中心療法の考え方をもとにした，「無条件の肯定的配慮」「共感的理解」などのカウンセリング的な姿勢・態度をさします。1980年頃から，児童・生徒の個性や自主性を尊重する態度として，学校教育現場で重視されるようになりました。

拡散的思考
ギルフォードが提唱した知性構造モデルのうち,「操作」を構成する要素の1つ。問題解決の場面で1つに限らないさまざまな解決の可能性を広げて探る思考法のことで,「創造性」を支える重要な要素と考えられています。

学習指導案
「どのような力を身につけさせるために」,「どのような学習指導を行うのか」,内容やプロセスを具体的に記した設計図です。作成を通じて,年間指導計画や児童・生徒の実態,課題を踏まえて,どのような内容を,どのような学習活動を通して指導していくのか,その内容や指導方法を事前にイメージできます。

学習性無力感
制御不能と認識された経験を積み重ねた結果,無力感が学習によって獲得されるという現象。後にエイブラムソン（Abramson, L.Y.）らによって,原因帰属の考え方を導入した改訂学習性無力感理論が提唱され,抑うつを説明するモデルと考えられています。

活性化拡散モデル
コリンズとロフタスが提唱した,知識が頭の中でどのように蓄えられているかを示すモデルです。ある概念が活性化されると,その活性化がネットワークを通じて別の概念に伝わっていくと仮定します。さらに,さまざまな概念は意味的に強い連想関係にあるものほど,近い位置に配置されていて活性化されやすいと考えます。

気質
パーソナリティを構成する要因の中で最も内側にあり,生得的で変化しにくい部分であるとされます。そのため,環境からの影響を受けやすいとされる性格とは異なります。

機能的自律性
オールポート（Allport, G.W.）が提唱した,もともと行動自体とは別の目的を達成するための手段として行動していたものが,次第に自律的なものへと変化し,その行動自体が欲求の対象となる現象のことです。

基本的欲求
欲求のうち,生得的に備わっているものをさし,一次的欲求とも呼ばれます。飢えや渇き,睡眠,呼吸などといった生命の維持や種の存続に必要な生物的・生理的欲求が含まれます。生体内の環境を一定に保とうとするホメオスタシス（生体恒常性）は基本的欲求を生じさせる生物学的メカニズムとなっています。

虞犯少年
20歳未満で,一定の不良行為があり,将来的に犯罪や触法行為を起こす可能性のある少年。一定の不良行為に当たる事由として,少年法では,①保護者の正当な監督に服しない性癖がある,②正当な理由がないのに家庭に寄りつかない,③犯罪性のある人もしくは不道徳な人と交際し,またはいかがわしい場所に出入りする,④自己または他人の徳性を害する行為をする性癖がある,の4点があげられています。

結晶性知能

キャッテルが提唱した，知能の構造に関する概念。語彙や知識など，過去の学習や経験によって高められる能力とされています。結晶性知能は経験と関係するため，加齢とともに向上し，加齢による低下が少ないことが特徴と考えられています。

原因帰属

ある出来事に対して，それが生じた原因を何かに求めることです。ワイナー（Weiner, B.）の原因帰属理論では原因帰属の仕方を，「内的－外的次元」「安定－不安定次元」「統制可能－統制不可能次元」の3次元で整理しています。

原始反射

反射は，動物が一定の刺激に対して起こす一定の運動であり，不随意（動かすつもりがなくても動いてしまう）運動です。特に，人間が出生直後からもっている反射を「原始反射」と呼び，進化の過程で，生命維持に必要な行動として備えられたものと考えられています。吸啜反射，モロー反射，把握反射，原始歩行などがよく知られます。正常な発達過程において原始反射はほぼ1年以内に消失します。

構成主義

知覚，記憶などの心理的事象は，人間がさまざまな体験をそれぞれ個人がすでにもっている枠組みにあてはめて処理し，形作っていくという考え方です。教育においては，子どもたちの中にすでに存在している概念を前提に授業を組み立てる必要があるという学習・教授理論をさします。ここでの教師の役目は，子どもがある対象範囲における事実や考えを見つけるのを手助けすることです。

行動随伴性

ある刺激や条件（先行条件）によって，オペラント行動が起こり，その結果，環境が変化するという一連の流れのこと。行動に随伴して，その行動を起こす前後で環境に変化が生じること。

国際数学・理科教育動向調査（TIMSS）

初等中等教育段階における児童・生徒の算数・数学及び理科の教育到達度を測定し，児童・生徒の学習環境条件等の諸要因との関係を分析するために実施される国際調査。算数・数学，理科で構成されます。日本では小学4年生，中学2年生が対象対象に，1964年から実施され，1995年からは4年ごとに実施。

個別の支援計画

乳幼児期から学校卒業後までの長期的な視点に立って，医療，保健，福祉，教育，労働等の関係機関が連携して，障害のある子ども1人ひとりのニーズに対応した支援を効果的に実施するための計画のこと。障害のある子どものニーズ，支援の目標や内容，支援を行う者や機関の役割分担，支援の内容や効果の評価方法等を策定します。

自我同一性

エリクソン（Erikson, E.H.）によって概念化された言葉であり，青年期の心理・社会的危機の中核概念。時や場面を越えて統一された人格として存在し，自分らしく生きているという感覚です。

自己効力感
バンデューラ（Bandura, A）が提唱した，知覚された効力期待のことで，セルフエフィカシー（self-efficacy）とも呼ばれます。ある状況での特定の行動に対する，個人の遂行可能性の認知のことです。

指導要録
「児童・生徒の学籍並びに指導の過程及び結果の要約を記録し，その後の指導及び外部に対する証明等に役立たせるための原簿」（文部科学省，2010）です。指導の参考にするための指導機能と，転校や進学，就職の際に，在籍および在籍中の様子を証明するための証明機能とがあります。

シナプス
情報を伝えるニューロンの軸索の先端と受け取るニューロンの間の情報伝達が行われる接触部分のこと。電気情報を直接伝える電気シナプスと化学物質で伝える化学シナプスがあります。次のニューロンの活動を高めたり，逆に抑制したりして，情報処理をおこないます。

社会的学習理論
他者の行動を観察して模倣することでも新しい行動を獲得できる，直接自分自身が強化されなくても，他者が強化されたことを観察するだけでも学習は起こるという理論です。

社会モデル
心身の障害をもつ人が直面するさまざまな生活上の困難の原因を個人の状態に帰するのではなく，社会の障壁にあるとする考え方。たとえば，車椅子の利用者が電自由に移動できないという障害を生んでいるのは，道路に段差があったり，エレベーターが設置されていなかったりという社会の環境に問題があるという考え方です。

自由再生法
記憶の測定方法の1つ。再生とは，口頭もしくは筆記によって覚えたものを思い出す方法です。その際に思い出す順番が問われないのが自由再生法です。他に，覚えた順序で思い出すよう求められる系列再生，思い出す際に手がかりが与えられる手がかり再生があります。記憶測定法には再生の他に，提示された刺激が学習した物かどうか判断する再認があります。再認は，学習した物を再現する必要がない点で再生と異なります。

収束的思考
ギルフォードが提唱した知性構造モデルのうち，「操作」を構成する要素の1つ。多くの可能性の中から1つの適切な回答や解決方法に思考を収束させるもので，テストの時に解答欄に1つだけ正答を記入することなどが例としてあげられます。

主体的・対話的で深い学び（Active Learning）
新学習指導要領で示された概念。「深い学び」とは，問題発見やその解決を念頭に置いた学び，「対話的な学び」とは，他者との対話を通じて，自らの考えを広げ，深める学び，「主体的な学び」とは，学んだ知識を主体的につなげ，展開させる学びのことをさします。

障害者差別解消法

障害を理由とする差別の解消の推進に関する法律（障害者差別解消法：2013年6月制定，2016年4月1日施行）。この法律の目的はすべての国民が，障害の有無によって分け隔てられることなく，相互に人格と個性を尊重し合いながら共生する社会の実現に向け，障害を理由とする差別の解消を社会において推進することです。すべての事業所に対して不当な差別的取扱いの禁止が義務づけられ，合理的配慮の提供が求められるようになりました。

触法少年

14歳未満で，刑罰法令に触れる行為をした少年。刑罰法令に触れる行為の詳細については，「犯罪少年」の用語解説を参照。

心身症

心理的ストレスが身体の症状としてあらわれた状態。たとえば，発熱や頭痛，腹痛，過敏性腸症候群，気管支喘息，アトピー性皮膚炎，チック，夜尿，起立性調節障害，食欲不振や嘔吐などです。

真正の評価

現実世界で直面するような問題解決場面（真正な文脈）で，児童・生徒を評価することを真正の評価といいます。パフォーマンス評価とポートフォリオ評価は，真正の評価を実現するうえで重要な方法と考えられています。

心理・社会的危機

エリクソンの心理社会的発達理論における発達課題です。各発達段階の課題は，成功と失敗の対概念として提示されています。必ずしも成功だけを体験しなくてはならないという意味ではなく，失敗体験があってもより多くの成功体験をもつことによって，心理社会的危機を乗り越えることが可能になると考えられています。

スクールカウンセラー

学校における心理の専門家です。1995年より「スクールカウンセラー活用調査研究委託事業」として開始されました。主な業務として，①児童生徒に対する相談・助言，②保護者や教職員に対する相談（カウンセリング，コンサルテーション），③校内会議等への参加，④教職員や児童生徒への研修や講話，⑤相談者への心理的な見立てや対応，⑥ストレスチェックやストレスマネジメント等の予防的対応，⑦事件・事故等の緊急対応における被害児童生徒の心のケアなどがあります。2019年度現在，全公立小中学校への配置が目標とされています。

スクールソーシャルワーカー

学校における福祉の専門家です。2008年より「スクールソーシャルワーカー活用事業」として開始されました。主な業務として，①問題を抱える児童生徒が置かれた環境への働きかけ，②関係機関等とのネットワークの構築，連携・調整，③学校内におけるチーム体制の構築，支援，④保護者，教職員等に対する支援・相談・情報提供，⑤教職員等への研修活動などがあります。

スピアマンの2因子説

スピアマンが提唱した，世界で初めての知能の構造に関する説。小学生の各科目の成績の因子分析結果から，知能

は，各科目に共通する一般因子（g因子）と，個別の科目に固有に働く特殊因子（s因子）の2因子から成り立っているとする説のことをさします。

生徒の学習到達度調査（PISA）

義務教育修了段階において，これまでに身につけてきた知識や技能を，実生活のさまざまな場面で直面する課題にどの程度活用できるかを測るために実施される国際調査です。読解力，数学的リテラシー，科学的リテラシー等の分野で構成されます。日本では高校1年生を対象に，2000年から3年ごとに実施されています。

先行オーガナイザー

学習するテーマに関する知識を活性化させる活動のことで，オーズベルが提唱しました。新たに学習する内容に関する枠組みの概略を先に提示することで，新たに学習する内容が理解しやすくなります。たとえば，児童・生徒に，はじめに「今日学ぶことは○○のようなことです」と話すことで，これから学ぶことが理解しやすくなります。

全国学力・学習状況調査

児童・生徒の学力や学習状況を把握・分析し，教育施策の成果と課題を検証し，その改善を図るために，小学6年生，中学3年生を対象に抽出調査で実施されています。国語，算数・数学（理科を追加したこともある）について，主として「知識」に関する問題と「活用」に関する問題等が出題されます。

前頭前野

脳の中で系統発生的に霊長類，特にヒトで発達した脳の場所です。ヒトでは額のところに位置します。脳の中でもっとも成熟が遅く，老化の影響をもっとも受けやすい場所でもあります。ワーキングメモリ・計画・行動抑制・感情制御・推論・言語など高度な精神活動に関係しています。

創造性

経験や知識をもとに発揮される独創的で生産的な能力のこと。適切な発想を生み出す思考の速さである流暢性，問題に向かってさまざまなより良い方法を考える柔軟性，発想したものを社会や生活に役立つように発展させる実用性，ユニークな考え方である独創性という4つの要素で構成されています。

即時フィードバック

オペラント行動の直後に結果を知らせることです。プログラム学習の場合，学習者が課題を達成した直後に，その反応の正否やコメントを知らせること。

達成動機

達成欲求にもとづく動機のことです。アトキンソン（Atkinson, J. W.）は達成動機の強さは，個人における成功願望と失敗恐怖，課題における成功可能性と価値の高さによって規定されるという理論を提唱しました。

達成欲求

何らかの課題を達成することによって，他者から認められたり自分自身を誇らしく思いたいといった，何かを成し遂げたいという社会的な欲求。マクレランド（McClelland, D. C.）が提唱した欲求理論では，人は達成欲求のほかに，権力欲求と親和欲求があるとされています。

タブラ・ラサ（tabula rasa：白紙）

原義はラテン語で「磨いた板」の意味。感覚論（経験論の一種）では，魂は外部からの刺激による経験によってはじめて観念を獲得するとされますが，その経験以前の魂の状態のこと。古代ギリシャの時代からある概念です。

チーム学校（チームとしての学校）

複雑化・多様化した課題を解決し，子どもに必要な資質・能力を育んでいくため，教職員1人ひとりが，自らの専門性を発揮するとともに，心理や福祉等の専門能力スタッフの参画を得て，課題の解決に求められる専門性や経験を補い，組織として成果を上げることができる学校の体制のこと。2015年に文部科学省がその重要性を指摘しました。

中央実行系

ワーキングメモリの中心であり，視空間スケッチパッド，エピソードバッファ，音韻ループの3つのシステムを制御し，能動的に処理するべき情報に注意を配分するなどの役割を担います。また，保持された情報の意味理解のために長期記憶との情報のやりとりを管理する機能ももちます。中央実行系には情報の保持機能はなく，その機能は他の3つのシステムが担っています。

長期増強

情報を伝えるニューロンと受け取るニューロンが同時に活動することを繰り返すと，化学シナプスで情報伝達の効率が持続的に向上します。この現象のことで，学習や記憶のもとになっていると考えられています。

超高齢期

高齢期の中でも，90歳を超える時期をさします。

通級学級

通常の学級に在籍する，比較的軽度の障害がある児童・生徒に対して，障害の状態に応じて特別な指導を行う制度。1993年に学校教育法施行規が改正され，言語障害，自閉症，情緒障害，弱視，難聴，病弱等の児童・生徒を対象として正式な制度が始まりました。2006年度からは学習障害や注意欠陥多動性障害などの発達障害も対象になりました。実態としては，1960年代後半頃から小学校に設置された言語障害特殊学級，難聴特殊学級において行われていました。

DSM-5（Diagnostic and Statistical Manual of Mental Disorders 5th edition）

DSMはアメリカ精神医学会が出版している精神障害の診断のための標準的なマニュアル。「精神疾患の診断・統計マニュアル」と訳されています。DSM第5版は2013年に出版され，日本語訳は2014年に出版されました。

動因

動機づけが生じる要因のうち，個人の内部から生じるものであり，内的刺激とも呼ばれます。具体的には，飢えや渇きなどの生物的・生理的要因などがあげられます。誘因と合わせて個人に動機づけを生じさせます。

特殊因子（s因子）

スピアマンの2因子説において，小学生の各科目の成績を因子分析という方法を用いて分析した結果，各科目にの

み個別に働く因子として抽出されたもの。課題の種類や領域ごとに固有に働く知能因子のことをさします。

特殊教育
1947年の学校教育法制定時には，心身に障害のある児童・生徒及び幼児の教育は「特殊教育」として位置づけられていました。視覚障害，聴覚障害，知的障害，肢体不自由，病弱，言語障害，情緒障害を対象とし，障害の種類や程度に応じて盲学校・聾学校・養護学校及び特殊学級において健常児と分離して教育を行うことを原則としました。この制度は，2007年に特別支援教育が実施されるまで続きました。

特性論
性格を複数の特性に分類し，各特性をどれくらいもっているかによって分類する理論です。一人ひとりの性格を多面的に詳しく把握することができ，個人間の傾向の比較も可能です。全体像がつかみにくいという特徴があります。

特別支援学校
2006年6月に成立した改正学校教育法によって，それまでの盲・聾・養護学校が「特別支援学校」に一本化されました。特別支援学校は在籍する幼児・児童・生徒に教育を施すだけでなく，地域の幼稚園，小・中・高等学校に在籍する幼児・児童・生徒の教育に関する助言・支援も行うよう定義されています。

特別支援教育
2007年実施の改正学校教育法により，日本における障害のある幼児・児童・生徒のための教育は「特別支援教育」として位置づけられました。特別支援教育は障害のある幼児・児童・生徒に対して，その1人ひとりの教育的ニーズに応じて，もてる力を可能な限り高め，生活や学習上の困難を改善・克服できるようにすべての学校教育の場で行われます。従来の特殊教育（障害児教育）の対象（盲・聾，知的障害，肢体不自由，病弱）に，学習障害（LD），注意欠陥・多動性障害（ADHD），高機能自閉症等が加えられました。

ニューロン
脳の中にある情報伝達や情報処理を行う細胞のことで，他の体細胞と異なり多くの突起をもっています。多くのニューロンは，樹状突起で他のニューロンからの情報を受け取り，電気信号を発生し，もっとも長い軸索と呼ばれる突起で電気信号を伝えます。

人間の尊厳
人間が人間らしく生きる権利であり，基本的人権の根源です。国連憲章の前文，世界人権宣言前文等にも記載があり，国際人権法の基本原則ともいわれます。

派生的（社会的）欲求
欲求のうち，基本的欲求から派生し，経験や学習によって獲得された欲求をさし，二次的欲求とも呼ばれます。基本的欲求以外の欲求がすべて含まれます。具体的には，金銭，所属，承認などへの欲求があげられます。

発達課題
人間が健全で幸福な発達をとげるために各発達段階で達成しておかなければならない課題。次の発達段階にスムー

ズに移行するために，それぞれの発達段階で習得しておくべき課題があるとされます。

発達性読み書き障害

学習障害のなかでも，読字に限定した症状を示すタイプはdyslexia（読字障害），書字に限定した症状の場合はdysglaphia（書字障害）。読字に限定されたタイプ，書字に限定されたタイプ，混合タイプがあります。日本では発達性読み書き障害と呼ばれます。知的能力の低さや勉強不足が原因ではなく，脳機能の発達の問題で，文字の読み書きが極端に難しい障害です。

犯罪少年

14歳以上20歳未満で，犯罪を犯した少年。犯罪には，凶悪犯（殺人，強盗，放火，強姦），粗暴犯（凶器準備集合，暴行，傷害，脅迫，恐喝），窃盗犯（空き巣，ひったくり，万引き等），知能犯（詐欺，横領，偽造等），風俗犯（賭博，わいせつ）などの「刑法犯」，道路上の交通事故に係る危険運転致死傷などの「特別法犯」があります。

ビックファイブ

アメリカの心理学者，ゴールドバーグが提唱したパーソナリティの特性論。特性5因子論とも呼ばれ，個人の一貫した行動傾向を「特性」として，いくつかの特性が組み合わさって，人の性格はつくり上げられるという考え方です。この5つの特性は，文化差・民族差を超えた普遍性をもつとされています。

普通教育

すべての人々にとって共通に必要とされる，基礎的な知識や技能などを幅広く保障するための教育。特定の分野や内容に関する専門教育と対置されます。

プランド・ハップンスタンス

クランボルツ（Krumboltz, J.D.）が提唱したキャリア理論。偶然の出来事が個人のキャリアに大きな影響を与えるため，その出来事をチャンスととらえ，さらには自らが意図的に引き寄せられるようになることで，実り多きキャリアは実現されるという考え方です。

不良行為少年

飲酒，喫煙，家出，深夜徘徊等を行って警察に補導される20歳未満の者。これらの行為は，少年法では非行には該当しないため，非行少年ではなく，不良行為少年と呼ばれます。

プログラミング教育

文部科学省は，プログラミング教育を通して育成する思考力を「プログラミング的思考」と呼んでいます。プログラミングの概念にもとづいた問題解決型の思考であり，論理的思考や創造性，問題解決力などさまざまな要素から成り立ちます。知識を覚えるのではなく，自ら考え，それらを形にしていく普遍的な「考える力」を身につけることを目的として導入されました。

無意味綴り

忘却がどのような時間経過をたどるのか研究したエビングハウスが，実験に用いた記銘材料です。日常用いるような単語は，語の意味によって記憶過程に差が生じる可能性があります。そのため，過去に見たり聞いたりしたことがないような，単語として意味をもた

ない「XAG」のような無意味綴りが考案されました。

目標に準拠した評価
到達度評価を引き継ぐもので，教育目標を基準として評価するものです。「現在いわゆる絶対評価を加味した相対評価をすることとされている各教科の評定を，目標に準拠した評価（いわゆる絶対評価）に改める」（文部科学省，2000）のように，現在の指導要録では目標に準拠した評価が採用されています。

モラトリアム
エリクソンが提案した用語です。アイデンティティを確立する，つまり，一人前の大人になるまでの間，社会的責任を一時的に免除あるいは猶予されている心理・社会的な準備期間（主に青年期）。

有意味受容学習
オーズベルによって提唱された学習法です。有意味学習とは，内容について理解しながら学習すること，受容学習とは，教師が学習者に一斉授業を行うタイプの学習のことです。学習内容について効率よく理解を深めるための最適な教授法といわれています。

誘因
動機づけが生じる要因のうち，環境側にあって人を行動に引きつけるものであり，外的刺激とも呼ばれます。誘因によって行動の具体的な目標が決められていきます。誘因と合わせて個人に動機づけを生じさせます。

ユネスコ（UNESCO）
国際連合教育科学文化機関（United Nations Educational, Scientific and Cultural Organization）。教育，科学，文化の協力と交流を通じて，国際平和と人類の福祉の促進をはかることを目的とした国際連合の専門機関です。

ライフサイクル（人生周期）
エリクソンによる人格発達理論の概念です。誕生から始まり，死に至る人生をいくつかの節目によって区切られる発達段階の連なりととらえ，発達段階を次世代が繰り返していくことをあらわしています。

流動性知能
キャッテルが提唱した，知能の構造に関する概念。推論する力や思考力など，新しい場面への適応に必要な能力とされています。流動性知能のピークは10～20代頃までで，その後は徐々に低下していくと考えられています。

類型論
性格をいくつかの典型的な型に分類する理論です。個人の特徴を総合的に把握して直観的に分類することは，古くから行われてきましたが，類型にあてはまらない特徴を見逃してしまい，ステレオタイプな見方につながりやすいという点や，性格を固定的にとらえて変化が考慮されにくいという問題点が指摘されています。身体的特徴で性格を分類することについては，科学的根拠に乏しいという批判もあります。

連合野
大脳皮質の中で，感覚や運動に直接関係する脳の場所を除いた場所の総称で

す。感覚情報や運動情報，さらに記憶情報などを統合して情報を処理します。前頭連合野・頭頂連合野・側頭連合野などに大きく分けられます。

人名索引

オールポート（Allport, G.）　126
バッドリー（Baddeley, A.）　50
バンデューラ（Bandura, A.）　89
ビネー（Binet, A.）　113
キャッテル（Cattell, R.B.）　110, 127
ドウェック（Dweck, C.）　100
エビングハウス（Ebbinghaus, H.）　54
エリクソン（Erikson, E.H.）　20
アイゼンク（Eysenck, H.）　126
フロイト（Freud, S.）　130
ゲゼル（Gesell, A.L.）　16
ゴールドバーグ（Goldberg, L.）　127
ジェンセン（Jensen, A.R.）　18
ユング（Jung, C.G.）　127
ケーラー（Köhler. W.）　88
クレッチマー（Kretschmer, E.）　127
ロック（Locke, J.）　19
ルクセンブルガー（Luxenburger, H.）　17
マズロー（Maslow, A.H.）　95
モレノ（Moreno, J.L.）　167
パパート（Papert, S.）　45
パブロフ（Pavlov, I.P.）　77
ピアジェ（Piaget, J.）　29
ロジャーズ（Rogers, C.R.）　191
ルソー（Rousseau, J.-J.）　19
セリグマン（Seligman, M.E.P.）　103
スキナー（Skinner, B.F.）　81
シュプランガー（Spranger, E.）　127
シュテルン（Stern, W.）　17, 113
ソーンダイク（Thorndike, E.L.）　87
ヴィゴツキー（Vygotsky, L.S.）　20
ワトソン（Watson, J.B.）　16, 79

用語索引

●あ行

アイデンティティ
　→ 自我同一性
アセスメント　120，188
アディーモデル（ADDIE Model）　152
アニミズム　38
アルバート坊やの実験　16，79
安全の欲求　96
アンダーマイニング効果　97
医学モデル　199
生き抜く力　142
いじめ　181
維持リハーサル　56
一斉学習　147
一般因子（g因子）　109
イド（エス）　130
意味記憶　51
インクルーシブ教育　200
インフォームド・コンセント（informed consent）　8，189
WISC-IV　115
WPPSI-Ⅲ　115
WAIS-IV　115
ウェクスラー式知能検査　115
内田クレペリン精神作業検査　135
運動野　69
ADHD（注意欠陥多動性障害）　200，201，208
エピソード記憶　51
エピソードバッファ　51
LD（学習障害）　200，210
延滞模倣　36
エンハンシング効果　98
横断的個人内評価　223
応用行動分析学　84，91，212
教えて考えさせる授業　154
オペラント行動　76，81
オペラント（道具的）条件づけ　76，82
音韻ループ　51

●か行

ガードナーの多重知能理論　111
解決志向アプローチ　194
外言　35
外的適応　178
概念化　28
外発的動機づけ　97
カウンセリング・マインド　192
過拡張　36
可逆的思考　40
拡散的思考　110
学習指導案　152
学習性無力感　103
学習目標　100
拡大理論　100
家系研究　15
過限定　36
学校不適応　179
活性化拡散モデル　57
感覚運動期　33
感覚運動的思考　33
感覚記憶　49
感覚野　70
環境閾値説　18
環境（学習）優位説　16
観察学習　89
観察法　6，188
干渉説　55
記憶方略　56
機械的学習　149
気質　126
技能・習慣（技の記憶）　52
機能形態障害　198
機能的自律性　98
気分障害　185
基本的欲求　94
記銘（符号化）　48
記銘失敗説　55
逆向干渉　55
キャリア　233
吸啜反射　33
強化　79
強化子　82
教師期待効果（ピグマリオン効果）　168
強迫性障害　186
ギルフォードの知性構造モデル　110
均衡化　30
勤勉性　24
具体的操作　31
具体的操作期　40
虞犯少年　183

クライエント中心療法　191
グループ学習　147
形式的操作　31
形式的操作期　43
形成的評価　217
系統的脱感作　81, 193
系列位置曲線　52
ゲーム依存症　67
結果期待　102
結晶性知能　110
欠乏欲求　96
原因帰属　99
嫌悪刺激（罰）　82
嫌悪療法　81
言語的説得　102
検索失敗説　55
検査法　188
嫌子出現による強化（正の罰）　85
嫌子消失による強化（負の強化）　84
原始反射　33
減衰説　54
効果の法則　87
高機能自閉症　207
好子出現による強化（正の強化）　84
好子消失による弱化（負の罰）　85
口唇探索反射　33
構成主義　45
構成的グループエンカウンター　170
構造化面接　135
行動随伴性　84

行動療法　193
広汎性発達障害　205
効力期待　102
国際障害分類（ICIDH）　198
国際数学・理科教育動向調査（TIMSS）　143
国際生活機能分類（ICF）　198
心の理論　39
個人差　14
個人内評価　223
誤信念課題　39
古典的（レスポンデント）条件づけ　76, 77
個別学習　147
個別式知能検査　114
個別の支援計画　120
コンサルテーション　191

●さ行
サーストンの多因子説　109
作業検査法　134
算数障害　210
CHC理論　112
CAI　87, 150
シェイピング　86, 193
シェマ　30
自我（エゴ）　130
自我同一性　21
軸索　62
ジグソー学習　150
刺激般化　79
自己効力感　102
自己実現の欲求　96

自己中心性　37
自傷行為　186
実験法　6
実体理論　100
質問紙調査法　6
指導要録　221
シナプス　62
自閉症　200, 205
自閉症スペクトラム障害　201, 206
社会性　22
社会的学習理論　89
社会的不利　198
社会モデル　199
自由再生法　52
収束的思考　110
集団圧力　162
集団式知能検査　114
縦断的個人内評価　223
終末ボタン　62
樹状突起　62
主体的・対話的で深い学び（Active Learning）　145
受容学習　149
受容と共感　3
循環反応　33
順向干渉　55
障害者差別解消法（障害を理由とする差別の解消の推進に関する法律）　201
消去　79, 83
条件刺激　79
条件反応（反射）　79
承諾や尊敬の欲求　96
象徴（シンボル）機能　36
触法少年　183

所産　110
所属や愛情の欲求　96
初頭（性）効果　52
事例研究法　7
新近（性）効果　52
神経発達障害　203
心身症　179
真正の評価　218
診断的評価　217
信頼性　225
心理検査　188
心理・社会的危機　22
遂行行動の達成　102
遂行目標　100
随伴性　82
推理　28
スキナー箱　81
スクールカウンセラー　189
スクールソーシャルワーカー　189
スクリーニング　114
スピアマンの2因子説　109
スモールステップの原理　86
性差　14
成熟優位説　16
精神年齢　115
精神分析学　130
精緻化　57
成長と創造の援助　2
成長欲求　96
生徒間暴力　183
生徒の学習到達度調査（PISA）　143

生理的喚起　103
生理的欲求　96
接近の法則　79
摂食障害　185
絶対評価　222
前概念的思考　36
宣言的記憶（顕在記憶）　51
先行オーガナイザー　149
全国学力・学習状況調査　143
前操作期　36
選択性緘黙　186
前頭前野　70
総括的評価　217
想起（検索）　48
早期療育　85
相互作用説　18
操作　31, 110
創造性　110, 118
相対評価　221
相貌的知覚　38
相補的思考　40
即時フィードバック　86
ソシオメトリック・テスト　167

●た行
対象永続性　35
対人関係ゲーム　171
体性感覚野　70
第二次反抗期　21
体罰　83
代理強化　89
代理経験　102
多重貯蔵モデル　48

達成動機　100
達成欲求　100
妥当性　224
タブラ・ラサ（tabula rasa：白紙）　19
短期記憶　49
チーム学校（チームとしての学校）　189
チーム支援　189
チーム・ティーチング　147
チック障害　186
知的障害　202, 204
知的発達　22
知能指数　113
知能偏差値　117
チャンク　49
中央実行系　51
中心部―周辺部勾配　13
聴覚野　69
長期記憶　49
長期増強　67
超高齢期　24
調査の面接　7
超自我（スーパーエゴ）　130
調節　30
直接強化　89
直観的思考　37
対提示　79
通級学級　201
TAT（絵画統覚検査）　134
DSM-5　203
ティーチングマシン　86
適応　178
適正処遇交互作用（ATI）

146
動因　94
投影法　133
同化　30
動機づけ　94
統合　12
統合失調症　185
洞察学習　88
到達度評価　222
同調行動　162
頭部―尾部勾配　13
特殊因子（ｓ因子）　109
特殊教育　200
特性論　127
特別支援学校　202
特別支援教育　200
トランジション課題　232

●な行
内言　35
内的適応　178
内発的動機づけ　97
内容　110
7±2　49
ニューロン　62
人間の尊厳　4
認知　28，29
認知行動療法　193
認知的方略　2
認定評価　222
ネイチャーゲーム　173
能力障害　198

●は行
把握反射　33
暴露療法　81

バズ学習　150
派生的（社会的）欲求　94
発見学習　149
発達課題　22
発達障害者支援法　202，204
発達性読み書き障害　210
発達の異速性　14
発達の最近接領域　20
パニック障害　186
パフォーマンス評価　218
ハロー効果　226
半構造化面接　135
犯罪少年　183
反社会的行動　179
ハンドリガード　34
PFスタディ（絵画欲求不満検査）　134
非構造化面接　135
非社会的行動　179
非宣言的記憶（潜在記憶・手続き的記憶）　51
ビックファイブ　130
ビネー式知能検査　114
表象　35
フォローアップ　7
輻輳説　17
普通教育　234
復帰　83
不適応　178
不登校　180
プライミング　52
プランド・ハップンスタンス　238
不良行為少年　183
プレイセラピー　192

プログラミング教育　45
プログラム学習　86，150
分化　12
偏差知能指数　116
変容　57
防衛機制　130
傍観者効果　161
忘却　53
報酬　82
暴力行為　183
ポートフォリオ　220
ポートフォリオ評価　218
保持（貯蔵）　48
保存の概念　42

●ま行
見立て　36
3つ山問題　39
ミネソタ多面式人格目録　132
無意味綴り　54
無条件刺激　77
無条件反応（反射）　77
面接法　7，135，188
目標に準拠した評価　223
モデリング　89
モデレーション　219
モラトリアム　237
モロー反射　33

●や行
有意味学習　149
有意味受容学習　149，239
誘因　95
豊かな環境　3
ユネスコ（UNESCO）　4

欲求　94
欲求階層説　95

● ら行
ライフサイクル　22
リハーサル　49
流動性知能　110
臨床的アプローチ　5
臨床的面接　7
倫理的な配慮　8
類型論　127
ルーブリック　219
レスポンデント行動　76
劣等感　24
レディネス　16
レリバンス課題　233
連合野　70
ロールシャッハ・テスト　133

● わ行
ワーキングメモリ（作業記憶）　50

●編著者紹介

石井 正子（いしい まさこ）

・千葉大学教育学部卒業　日本女子大学大学院修士課程　昭和女子大学大学院博士課程修了　博士（学術）　公認心理師　言語聴覚士
・千葉市療育センター，千葉県中央児童相談所，四街道市総合福祉センター等で障害のある子どもたちの療育に携わった後，植草幼児教育専門学校専任講師を経て，現在，昭和女子大学人間社会学部初等教育学科教授，同大学院生活機構研究科人間教育学専攻教授

【主著書】
『児童期の課題と支援』新曜社　2000年　（共著）
『教育心理学 —保育者をめざす人へ—』樹村房　2004年　（編著）
『発達心理学 —保育者をめざす人へ—』樹村房　2009年　（編著）
『新乳幼児発達心理』福村出版　2010年　（編著）
『障害のある子どものインクルージョンと保育システム』福村出版　2013年　（単著）
『子ども家庭支援の心理学』2019年　みらい　（共著）

中村 徳子（なかむら のりこ）

・関西学院大学大学院博士課程修了　博士（心理学）
・日本学術振興会特別研究員，京都大学霊長類研究所非常勤研究員，科学技術振興事業団研究員等としてチンパンジーやヒト乳幼児の発達研究に携わった後，現在，昭和女子大学人間社会学部初等教育学科准教授，同大学院生活機構研究科人間教育学専攻准教授

【主著書】
『脳と意識』朝倉書店　1997年　（共著）
『Primate Origin of Human Cognition and Behavior』Springer　2001年　（共著）
『赤ちゃんがヒトになるとき』昭和堂　2004年　（単著）
『人とサルの違いが判る本』オーム社　2010年　（共著）
『The chimpanzees of Bossou and Nimba』Springer　2011年　（共著）
『発達科学ハンドブック1　発達心理学と隣接領域の理論・方法』新曜社　2013年　（共著）

教職に生かす教育心理学

2019年10月10日	初版第 1 刷発行
2024年 9 月20日	初版第 4 刷発行

編　者	石井　正子
	中村　徳子
発 行 者	竹鼻　均之
発 行 所	株式会社みらい

〒500-8137　岐阜市東興町40　第 5 澤田ビル
TEL　058－247－1227(代)
FAX　058－247－1218
https://www.mirai-inc.jp/

印刷・製本　サンメッセ株式会社

ISBN978-4-86015-489-9　C3011
Printed in Japan　　　　　　乱丁本・落丁本はお取替え致します。